Investment Banking
Workbook

投资银行
练习手册

原书第3版
3rd Edition

[美] 乔舒亚·罗森鲍姆（Joshua Rosenbaum）
乔舒亚·珀尔（Joshua Pearl）　◎著
约瑟夫·加斯帕罗（Joseph Gasparro）
注册估值分析师协会◎译

机械工业出版社
CHINA MACHINE PRESS

《投资银行练习手册》为读者提供了500多道多项选择题和简答题、练习案例及其详细的分步骤解析。多层次的练习题有助于读者学习估值、杠杆收购和并购分析中需要的计算与建模。这是一本有效的学习工具书，既可以作为单独的学习资料，也可以作为《投资银行：估值、杠杆收购、兼并与收购、IPO》（原书第3版）的配套学习材料。

Copyright © 2021 by Joshua Rosenbaum, Joshua Pearl, and Joseph Gasparro. All rights reserved.

This translation published under license. Authorized translation from the English language edition, entitled Investment Banking Workbook, ISBN 9781119776796, by Joshua Rosenbaum, Joshua Pearl, and Joseph Gasparro, Published by John Wiley & Sons. No part of this book may be reproduced in any formwithout the written permission of the original copyrights holder.

This edition is authorized for sale in the World.
此版本授权在全球范围内销售。

北京市版权局著作权合同登记　图字：01-2021-3877号。

图书在版编目（CIP）数据

投资银行练习手册：原书第3版／（美）乔舒亚·罗森鲍姆（Joshua Rosenbaum），（美）乔舒亚·珀尔（Joshua Pearl），（美）约瑟夫·加斯帕罗（Joseph Gasparro）著；注册估值分析师协会译. —北京：机械工业出版社，2023.6
书名原文：Investment Banking, 3rd Edition
ISBN 978-7-111-73201-3

Ⅰ.①投⋯　Ⅱ.①乔⋯ ②乔⋯ ③约⋯ ④注⋯
Ⅲ.①投资银行-习题集　Ⅳ.①F830.33-44

中国国家版本馆CIP数据核字（2023）第116104号

机械工业出版社（北京市百万庄大街22号　邮政编码100037）
策划编辑：李新妞　　　　　　责任编辑：李新妞　刘林澍
责任校对：牟丽英　卢志坚　　责任印制：郜　敏
三河市宏达印刷有限公司印刷
2023年8月第1版第1次印刷
180mm×250mm·18.25印张·1插页·294千字
标准书号：ISBN 978-7-111-73201-3
定价：89.00元

电话服务　　　　　　　　　　网络服务
客服电话：010-88361066　　机 工 官 网：www.cmpbook.com
　　　　　010-88379833　　机 工 官 博：weibo.com/cmp1952
　　　　　010-68326294　　金 书 网：www.golden-book.com
封底无防伪标均为盗版　　　　机工教育服务网：www.cmpedu.com

关于作者

乔舒亚·罗森鲍姆是加拿大皇家银行资本市场（RBC Capital Markets）公司的董事总经理，担任该公司旗下的工业及多元化服务集团的部门领导，同时也任职于美国投资银行管理委员会。他负责兼并与收购、企业融资和资本市场有关交易的发起、架构和咨询工作。此前，他曾就职于瑞银投资银行（UBS Investment Bank）全球工业组（Global Industrial Group）、世界银行的直接投资部门——国际金融公司（International Finance Corporation）。他拥有哈佛大学的文学学士学位，并以贝克学者身份获得哈佛商学院（Harvard Business School）的 MBA 学位。他也是《投资银行：估值、杠杆收购、兼并与收购、IPO》（原书第 3 版）和《像专业人士一样投资》的合著者。

乔舒亚·珀尔是 Hickory Lane 资本管理公司的创始人兼首席投资官——一家对冲基金资产管理公司，擅长使用基于基本面因素的方法投资上市公司和特殊情形投资。2011—2020 年，珀尔担任婆罗门资本（Brahman Capital）的董事总经理和合伙人。此前，他为瑞银投资银行设计并实施了高收益的融资项目、杠杆收购和公司重组项目。在瑞银之前，他曾担任美驰集团（Moelis & Company）和德意志银行（Deutsche Bank）的投资银行家。珀尔拥有印第安纳大学（Indiana University）凯利商学院（Kelley School of Business）的理学学士学位。他也是《投资银行：估值、杠杆收购、兼并与收购、IPO》（原书第 3 版）和《像专业人士一样投资》的合著者。

约瑟夫·加斯帕罗是瑞士信贷公司（Credit Suisse）资本服务部的副总裁，为另类资产管理经理提供募资和运营方面的建议。此前，他在该公司的投资银行部门负责并购和资本市场交易。在加入瑞士信贷之前，加斯帕罗曾就职于美银证券（BofA Securities）和瑞银投资银行。他在葛底斯堡学院获得文学学士学位，在罗格斯商学院获得工商管理硕士学位。加斯帕罗两次获得由美国总统颁发的志愿者服务奖。他也是《投资银行：估值、杠杆收购、兼并与收购、IPO》（原书第3版）和《像专业人士一样投资》的编辑。

雷蒙德·阿齐兹（Raymond Azizi）是韦斯多战略顾问公司（Weiss Multi-Strategy Advisers）的投资组合经理，管理股权投资对冲基金。此前，他是雷曼兄弟商业银行（Lehman Brothers Merchant Banking）的一名投资专业人士，专注于杠杆收购和成长型资本投资，也曾在雷曼兄弟的投资银行部门工作。阿齐兹在罗格斯大学获得商业学士学位，在宾夕法尼亚大学沃顿商学院获得工商管理硕士学位。他也是《投资银行：估值、杠杆收购、兼并与收购、IPO》（原书第3版）和《像专业人士一样投资》的编辑。

联系作者

如有对本书未来版本的任何问题、意见或建议，敬请随时联系乔舒亚·罗森鲍姆和乔舒亚·珀尔，联系方式：josh@investmentbankingbook.com。

前言

《投资银行练习手册》既可以作为《投资银行：估值、杠杆收购、兼并与收购、IPO》（原书第 3 版）的配套学习材料，也可以独立学习。《投资银行：估值、杠杆收购、兼并与收购、IPO》（原书第 3 版）重点论述目前在华尔街普遍使用的主要估值方法，即可比公司分析（comparable companies analysis）、先例交易分析（precedent transactions analysis）、现金流折现分析（discounted cash flow analysis）、杠杆收购分析（leveraged buyouts analysis）和并购交易分析（mergers & acquisitions analysis），且从买方和卖方各自角度进行了详尽的分析和讨论。本书的目标是帮助读者巩固以上核心内容，因为真正的掌握通常要经历测验、提高、再测验的反复过程。这本书可供相关专业的学生、求职者及投资从业人员参考使用，也可作为培训机构及学校的最佳学习工具。

本书为读者提供了案例分析的分步练习，包括大量多选题和简答题。同时，本书以教学的方式提供了所有问题的详细解答及关键点。这本书的答案解析部分本身就是一套十分有效的学习工具。本书的练习题目难度从低到高，在版式设计上旨在尽最大努力帮助读者掌握在《投资银行：估值、杠杆收购、兼并与收购、IPO》（原书第 3 版）中涉及的重要金融分析工具和方法。

目标读者

我们相信，这本书会让读者对从事金融投资工作需要的金融工具的理解与应用提升到一个崭新的高度。因此，这本书的目标读者群与《投资银行：估值、杠杆收购、兼并与收购、IPO》（原书第 3 版）有一定的重合，主要有投资银行领域从业者、学生、私募股权与对冲基金领域专业人士、卖方分析师和公司财务人员（包括业务拓展部、融资部、债券部）以及希望从其他职业转入到金融投资行业的人士。我们也相信这本书会为从事并购、公司理财、融资和其他咨询业务的律师、顾问和会计师提供极大的帮助。

同时，这本书也是教授、导师、培训机构首选的教学工具。多项选择题逻辑紧密，逐步加深，可有效帮助学生掌握建模的核心思想和金融计算，非常适合用于课堂教学和网络教学，也可以作为主修课程的配套书来使用。事实上，《投资银行：估值、杠杆收购、兼并与收购、IPO》（原书第3版）和这本练习题都希望能够从整体上帮助教授、导师和培训机构教授这门课程。

内容与应用

多层次的练习题有助于大家学习估值、杠杆收购和并购分析中需要的计算与建模。掌握这些内容是进行财务建模（包括财务预测）、可比公司分析、先例交易分析、现金流折现分析、杠杆收购分析和全面的合并结果分析（包括模拟财务报表）的基础。同时，它们也有助于读者理解更加复杂的计算和各方法的差别，包括业绩增厚/稀释分析、汇率、支付溢价、库存股份法（treasury stock method，TSM）、资本资产定价法（capital asset pricing model，CAPM）、平均资本成本、商誉、有形资产与无形资产的评估、递延所得税负债等。

多项选择题可供个人和集体使用。换句话说，每章中的单个问题可以混合和匹配，以适应任何测试、学习或训练需要。与此同时，对于一个特定的财务主题，这些问题和练习提供了一个综合且多维的方法，可当作个人学习材料和课堂教学资料，也可以应用于培训项目。

致谢

特别感谢约瑟夫·加斯帕罗为本书修订和出版所做出的贡献。他的贡献是多方面的，他对本书持久的热情、洞察力和支持堪称典范。总之，他的工作理念、创造力、敢想敢干的态度以及对完美的追求是非常鼓舞人心的。非常期待加斯帕罗先生在未来继续做出伟大的事情。

感谢以斯拉·法赫马（Ezra Fahma）的辛勤付出和艰苦工作，使得本书得以顺利出版。

关于注册估值分析师（CVA）认证考试

考试简介

注册估值分析师（Chartered Valuation Analyst，以下简称CVA）认证考试由注册估值分析师协会组织考核并提供资质认证，旨在提高投融资及并购估值领域从业人员的专业分析与操作技能。CVA认证考试从专业实务及实际估值建模等专业知识和岗位技能方面进行考核，主要涉及企业价值评估及项目投资决策（包括PPP项目投资）。CVA认证考试分为实务基础知识和Excel案例建模两个科目，内容包括会计与财务分析、公司金融、企业估值方法、并购分析、项目投资决策、私募股权投资、Excel估值建模共七个部分。考生可通过针对各科重点、难点内容的专题学习，掌握中外机构普遍使用的财务分析和企业估值方法，演练企业财务预测与估值建模、项目投资决策建模、私募股权投资、上市公司估值建模、并购与股权投资估值建模等实际分析操作案例，快速掌握投资估值基础知识和高效规范的建模技巧。

实务基础知识科目——专业综合知识考试，主要考查投融资、并购估值领域的理论和实践知识及岗位综合能力，考查范围包括会计与财务分析、公司金融与财务管理、企业估值方法、并购分析、项目投资决策、私募股权、信用分析。本科目由120道单项选择题组成，考试时长为3小时。

Excel案例建模科目——财务估值建模与分析考试，要求考生根据实际案例中的企业历史财务数据和假设条件，运用Excel搭建出标准、可靠、实用、高效的财务模型，完成企业未来财务报表预测、企业估值和相应的敏感性分析。本科目为Excel财务建模形式，考试时长为3小时。

职业发展方向

CVA资格获得者具备企业并购、项目投资决策等投资岗位实务知识、技能和高效规范的建模技巧，能够掌握中外机构普遍使用的财务分析和企业估值方法，可以熟练进行企业财务预测与估值建模、项目投资决策建模、上市公司估值建模、并购与股权投资估值建模等实际分析操作。

CVA持证人可胜任企业集团投资发展部、并购基金、产业投资基金、私募股权投资、财务顾问、券商投行部门、银行信贷审批等金融投资机构的核心岗位工作。

证书优势

岗位实操分析能力优势——CVA认证考试内容紧密联系实际案例，重视提高从业人员的实务技能，并能够迅速应用到实际工作中，使持证人达到高效、系统和专业的职业水平。

标准规范化的职业素质优势——CVA资格认证旨在推动投融资估值行业的标准化与规范化，提高执业人员的从业水平。持证人在工作流程中能够遵循标准化体系，提高效率和正确率。

国际同步知识体系优势——CVA认证考试选用的教材均为协会精选并引进出版的国外最实用的优秀教材。将国际先进的知识体系与国内实践应用相结合，推行高效标准的建模方法。

配套专业实务型课程——注册估值分析师协会联合国内一流金融教育机构开展CVA培训课程，邀请行业内资深专家进行现场或视频授课。课程内容侧重行业实务和技能实操，结合真实典型案例，帮助学员快速提升职业化、专业化和国际化水平，满足中国企业"走出去"进行海外并购的人才需求。

企业内训

紧密联系实际案例，侧重于提高从业人员的实务应用技能，使其具备高效专业的职业素养和优秀系统的分析能力。

- ◆ 以客户为导向的人性化培训体验，独一无二的特别定制课程体系。
- ◆ 专业化投融资及并购估值方法相关的优质教学内容，行业经验丰富的超强师资。
- ◆ 精选国内外优秀教材，提供科学的培训测评与运作体系。

考试安排

CVA 认证考试于每年 4 月、11 月的第三个周日举行，具体考试时间安排及考前报名，请访问协会官方网站 www.cncva.cn。

协会简介

注册估值分析师协会（Chartered Valuation Analyst Institute）是全球性及非营利性的专业机构，总部设于香港，致力于建立全球金融投资及并购估值的行业标准，帮助企业培养具备国际视野的投资专业人才，构建实用、系统、有效的专业知识体系。在亚太地区主理 CVA 认证考试、企业人才内训、第三方估值服务、出版发行投融资专业书籍以及进行协会事务运营和会员管理。

注册估值分析师协会于 2021 年起正式成为国际评估准则理事会（the International Valuation Standards Council，简称 IVSC）的专业评估机构会员。协会将依托 IVSC 的权威影响力与专业支持实现自身更快更好的发展，同时遵照国际标准和专业精神，与其他成员开展广泛的交流与协作，共同推进全球估值行业的进步。

联系方式

官方网站：http://www.cncva.cn
电　　话：4006-777-630
E-mail：contactus@cncva.cn
新浪微博：注册估值分析师协会

协会官网二维码

微信平台二维码

目录

关于作者
前言
关于注册估值分析师（CVA）认证考试

第一章 可比公司分析 ······ 1
    第一章 答案及解析 ······ 26

第二章 先例交易分析 ······ 51
    第二章 答案及解析 ······ 70

第三章 现金流折现分析 ······ 85
    第三章 答案及解析 ······ 110

第四章 杠杆收购（LBO） ······ 135
    第四章 答案及解析 ······ 147

第五章 LBO 分析 ······ 155
    第五章 答案及解析 ······ 173

第六章 卖方并购 ······ 189
    第六章 答案及解析 ······ 201

第七章 买方并购 ······ 209
    第七章 答案及解析 ······ 226

第八章 首次公开发行（IPO） ······ 241
    第八章 答案及解析 ······ 253

第九章 IPO 过程 ······ 261
    第九章 答案及解析 ······ 272

关于审校 ······ 279

第一章

可比公司分析

1. 利用下列有关 Gasparro 公司的信息，完成关于全面稀释已发行普通股[一]的问题。

基本资料	
公司名称	Gasparro 公司
公司股票代码	JDG
上市证券交易所	纳斯达克（Nasdaq）
财务年度截止日	12 月 31 日
穆迪公司评级	Ba2
标准普尔公司评级	BB
预估 β	1.30
边际税率	25.0%

假设（单位：100 万股）	
当前股价	$50.00
基本已发行普通股[二]	98.50

期权/认股权证（单位：100 万股）		
批次	股份数	行权价格
批次 1	1.250	$10.00
批次 2	1.000	$30.00
批次 3	0.500	$40.00
批次 4	0.250	$60.00

[一] fully diluted shares outstanding，也可译为全面稀释流通股，或全面稀释对外已发行普通股，全书将译为全面稀释已发行普通股。——译者注

[二] basic shares outstanding，也可译为流通股或对外已发行普通股即外发普通股，全书将译为基本已发行普通股。——译者注

a. 计算 Gasparro 公司的价内期权/认股权证（in-the-money options/warrants）

_____

b. 计算价内期权/认股权证的收益

_____

c. 计算期权/认股权证的净增新股

_____

d. 计算全面稀释已发行普通股数量

_____

2. 利用前一题的信息和答案，以及下列资产负债表信息，计算 Gasparro 公司的股权价值和企业价值。

假设（单位：100万美元，除每股数据外）	
当前股价	$50.00
52周最高价格	62.50
52周最低价格	40.00
最近季度每股红利（MRQ）	0.25

资产负债表（单位：100万美元）	2018A	2019/9/30
现金及现金等价物	$75.0	$100.0
应收账款	625.0	650.0
存货	730.0	750.0
预付款及其他流动资产	225.0	250.0
流动资产合计	**$1 655.0**	**$1 750.0**
固定资产净值⊖	1 970.0	2 000.0
商誉及无形资产	775.0	800.0
其他资产	425.0	450.0
资产合计	**$4 825.0**	**$5 000.0**

⊖ Property, Plant and Equipment, net, 缩写为 PPE, 不动产、厂房和设备净值, 即通常所理解的固定资产净值的概念, 全书均译为固定资产净值。——译者注

（续）

资产负债表（单位：100万美元）	2018A	2019/9/30
应付账款	275.0	300.0
应计负债	450.0	475.0
其他流动负债	125.0	150.0
流动负债合计	**$ 850.0**	**$ 925.0**
总负债㊀	1 875.0	1 850.0
其他长期负债	500.0	500.0
负债合计	**$ 3 225.0**	**$ 3 275.0**
非控股股东权益	–	–
优先股	–	–
股东权益	1 600.0	1 725.0
负债及所有者权益合计	**$ 4 825.0**	**$ 5 000.0**
平衡检验	*0.000*	*0.000*

a. 计算股权价值

_____

b. 计算企业价值

_____

3. 根据 Gasparro 公司信息，完成关于非经常性项目（non-recurring items）的问题。

非经常性项目：
2018 年第 4 季度，出售非核心业务税前收入 2 500 万美元
2019 年第 2 季度，报废产品的存货减值税前费用 3 000 万美元
2019 年第 3 季度，税前重组费用——遣散费 1 500 万美元

已披露利润表（单位：100万美元，除每股数据外）	财年末12月31日			上年同期	本年迄今	LTM
	2016A	2017A	2018A	2018/9/30	2019/9/30	2019/9/30
销售收入	$ 3 750.0	$ 4 150.0	$ 4 500.0	$ 3 375.00	$ 3 600.0	$ 4 725.0
销货成本（包括折旧和摊销）	2 450.0	2 700.0	2 925.0	2 200.0	2 350.0	3 075.0

㊀ 原文为 total debt，这里直译为总负债，实际含义可理解为有息负债。——译者注

(续)

已披露利润表 (单位：100万美元，除每股数据外)	财年末12月31日			上年同期	本年迄今	LTM
	2016A	2017A	2018A	2018/9/30	2019/9/30	2019/9/30
毛利润	$1 300.0	$1 450.0	$1 575.0	$1 175.0	$1 250.0	$1 650.0
销售、管理及行政费用	750.0	830.0	900.0	675.0	720.0	945.0
其他费用/(收入)	—	—	—	—	—	—
息税前利润	$550.0	$620.0	$675.0	$500.0	$530.0	$705.0
利息费用	110.0	105.0	102.0	75.0	73.0	100.0
税前利润	$440.0	$515.0	$573.0	$425.0	$457.0	$605.0
所得税	110.0	128.8	143.3	106.3	114.3	151.3
非控股股东损益	—	—	—	—	—	—
优先股股利	—	—	—	—	—	—
净利润	$330.0	$386.3	$429.8	$318.8	$342.8	$453.8
有效税率	25.0%	25.0%	25.0%	25.0%	25.0%	25.0%
加权平均稀释股数量	100.0	100.0	100.0	100.0	100.0	100.0
稀释每股收益	$3.30	$3.86	$4.30	$3.19	$3.43	$4.54

现金流量表	财年末12月31日			上年同期	本年迄今	LTM
	2016A	2017A	2018A	2018/9/30	2019/9/30	2019/9/30
经营性现金流	400.0	450.0	500.0	360.0	380.0	520.0
资本性支出	170.0	185.0	200.0	150.0	155.0	205.0
占销售收入比例	4.5%	4.5%	4.4%	4.4%	4.3%	4.3%
自由现金流	$230.0	$265.0	$300.0	$210.0	$225.0	$315.0
利润率	6.1%	6.4%	6.7%	6.2%	6.3%	6.7%
每股自由现金流	$2.30	$2.65	$3.00	$2.10	$2.25	$3.15
折旧和摊销	155.0	165.0	175.0	125.0	125.0	175.0
占销售收入比例	4.1%	4.0%	3.9%	3.7%	3.5%	3.7%

a. 假设$3 000万存货减值损失已经加回到销货成本（COGS），计算 Gasparro 经调整后的过去12个月（LTM）⊖毛利润。

⊖ LTM, Last Twelve Month，过往12个月，全书均记为 LTM。——译者注

b. 计算经调整后的 LTM 息税前利润（EBIT）

c. 计算经调整后的 LTM 息税折旧和摊销前利润（EBITDA）[一]

d. 计算经调整后的 LTM 净利润

4. 利用上题的答案和信息，计算 Gasparro 公司过去 12 个月（LTM）的投资收益率。

   a. 计算平均投资资本收益率

   b. 计算平均股权收益率

   c. 计算平均资产收益率

   d. 计算隐含的年度每股股息

5. 利用上题的答案和信息，计算 Gasparro 公司的 LTM 信用比率。

   a. 计算资产负债率

   b. 计算总负债对 EBITDA 的比率

   c. 计算净负债对 EBITDA 的比率

   d. 计算 EBITDA 对利息费用的比率

[一] EBITDA，Earnings Before Ineterest，Taxes，Depreciation and Amortization，息税折旧和摊销前利润，全书均记为 EBITDA。——译者注

e. 计算（EBITDA – 资本性支出）对利息费用的比率

f. 计算息税前利润（EBIT）[注]对利息费用的比率

6. 利用上题的答案和信息，计算 Gasparro 公司的交易乘数。

交易乘数（单位：100万美元，除每股数据外）

	LTM 2019/9/30	NFY 2019E	NFY+1 2020E	NFY+2 2021E
企业价值/销售收入	A)	1.4×	1.3×	1.2×
数值		$5 000.0	$5 350.0	$5 625.0
企业价值/EBITDA		B)	6.6×	6.3×
数值		$950.0	$1 025.0	$1 075.0
企业价值/EBIT		8.8×	C)	7.8×
数值		$765.0	$825.0	$865.0
P/E		9.8×	9.1×	D)
数值		$5.10	$5.50	$5.75
自由现金流收益率（FCF Yield）		7.5%	8.3%	E)
数值		$375.0	$415.0	$455.0

注：NFY, Next Fiscal Year, 即下一个财政年度。

a. 计算 Gaspairo 公司企业价值/LTM 销售收入

b. 计算 Gasparro 公司企业价值/预估 2019 年 EBITDA

c. 计算 Gasparro 公司企业价值/预估 2020 年 EBIT

d. 计算 Gasparro 公司预估 2021 年 EPS

e. 计算 Gasparro 公司预估 2021 年自由现金流收益率

[注] EBIT, Earnings Before Interest and Tax，息税前利润，全书均记为 EBIT。——译者注

7. 利用上题的答案和信息，计算 Gasparro 公司的增长率。

增长率				
	销售收入	EBITDA	自由现金流	EPS
历史数据				
一年（2017—2018 年）	A）	5.1%	13.2%	6.4%
两年复合增长率（2016—2018 年）	9.5%	B）	14.2%	11.6%
预估数据				
一年（2018—2019 年）	11.1%	15.2%	C）	24.1%
两年复合增长率（2018—2020 年）	9.0%	11.5%	17.6%	D）

    a. 计算 Gasparro 公司历史一年的销售增长率

    ———————————————————

    b. 计算历史两年 EBITDA 年复合增长率

    ———————————————————

    c. 计算预估一年的自由现金流增长率

    ———————————————————

    d. 计算预估两年 EPS 年复合增长率

    ———————————————————

8. 利用 Value 公司的同行公司信息，计算 LTM 利润率等指标。

（单位：100万美元，除每股数据外）

	LTM财务数据					LTM利润率			
公司名称	销售收入	毛利润	EBITDA	EBIT	净利润	毛利率(%)	EBITDA(%)	EBIT(%)	净利率(%)
Buyer公司	$6 559.3	$2 328.7	$1 443.1	$1 279.1	$852.5	A）	22%	20%	13%
Sherman公司	5 894.6	1 945.2	1 047.0	752.2	507.2	33%	B）	13%	9%
Pearl公司	4 284.5	1 585.3	838.7	624.5	393.4	37%	20%	C）	9%
Gasparro公司									
Kumra公司	3 186.7	922.4	665.3	505.9	306.4	29%	21%	16%	D）
平均数						32%	E）	16%	10%
中位数						36%	20%	F）	10%

a. 计算 Buyer 公司的毛利率

b. 计算 Sherman 公司的 EBITDA 利润率

c. 计算 Pearl 公司的 EBIT 利润率

d. 计算 Kumra 公司的净利率

e. 计算 EBITDA 利润率的平均数

f. 计算 EBIT 利润率的中位数

9. 利用以下信息，计算 Value 公司的同行公司 LTM 杠杆比率和偿付比率。

LTM财务数据（单位：100万美元）							
公司名称	负债	市值	现金	利息费用	资本性支出	EBITDA	EBIT
Buyer公司	$2 200.0	$2 480.0	$400.0	$142.4	$196.8	$1 443.1	$1 279.1
Sherman公司	3 150.0	2 359.0	649.0	76.0	235.8	1 047.0	752.2
Pearl公司	1 500.0	2 559.6	868.1	100.0	128.5	838.7	624.5
Kumra公司	891.2	2 687.6	481.3	60.3	143.4	665.3	505.9

	LTM杠杆比率			LTM偿付比率		
公司名称	负债/资本总额(%)	负债/EBITDA (×)	净负债/EBITDA (×)	EBITDA/利息费用 (×)	（EBITDA–资本性支出）/利息(×)	EBIT/利息费用 (×)
Buyer公司	A)	1.5×	1.2×	10.1×	8.8×	9.0×
Sherman公司	57%	B)	2.4×	13.8×	10.7×	9.9×
Pearl公司	37%	1.8×	C)	8.4×	7.1×	6.2×
Gasparro公司						
Kumra公司	25%	1.3×	0.6×	D)	E)	F)
平均数	44%	G)	1.4×	10.5×	8.4×	8.2×
中位数	47%	1.8×	1.2×	H)	8.7×	8.4×

a. 计算 Buyer 公司的负债/资本总额比率

b. 计算 Sherman 公司的负债/EBITDA 比率

c. 计算 Pearl 公司的净负债/EBITDA 比率

d. 计算 Kumra 公司的 EBITDA/利息费用比率

e. 计算 Kumra 公司的（EBITDA －资本性支出）/利息费用比率

f. 计算 Kumra 公司的 EBIT/利息费用比率

g. 计算负债/EBITDA 杠杆比率的平均数

h. 计算 EBITDA/利息费用的中位数

10. 利用下列信息，计算 Value 公司的同行公司 LTM 估值乘数。

LTM 财务数据(单位：**100** 万美元，除每股数据外)

公司名称	销售收入	EBITDA	EBIT	EPS
Buyer 公司	$ 6 559.6	$ 1 443.1	$ 1 279.1	$ 6.09
Sherman 公司	5 894.6	1 047.0	752.2	3.62
Pearl 公司	4 284.5	838.7	624.5	5.21
Kumra 公司	3 186.7	665.3	505.9	3.33

| 公司名称 | 当前股价 | 股权价值 | 企业价值 | 企业价值/ | | | 价格/ |
				LTM 销售收入	LTM EBITDA	LTM EBIT	LTM EPS
Buyer公司	$70.00	$9 800.0	$11 600.0	A)	8.0×	9.1×	11.5×
Sherman公司	40.00	5 600.0	8 101.0	1.4×	B)	10.8×	11.0×
Pearl公司	68.50	5 171.8	5 803.7	1.4×	6.9×	C)	13.1×
Gasparro公司							
Kumra公司	52.50	4 851.6	5 344.6	1.7×	8.0×	10.6×	D)
平均数				1.5×	E)	9.8×	12.4×
中位数				1.4×	7.7×	9.4×	F)

a. 计算 Buyer 公司的企业价值/销售收入比率

b. 计算 Sherman 公司的企业价值/EBITDA 比率

c. 计算 Pearl 公司的企业价值/EBIT 比率

d. 计算 Kumra 公司的 P/E 比率

e. 计算企业价值/EBITDA 比率的平均数

f. 计算 P/E 的中位数

11. 利用下列信息及公司 LTM EBITDA，计算 Value 公司的隐含估值范围。

（单位：100万美元，除每股数据外）

EBITDA	财务指标	乘数范围	隐含企业价值	减：净负债	隐含股权价值	全面稀释已发行普通股数	隐含股票价格
LTM	$700	7.0× – 8.0×	A) – A)	(1,500)	B) – B)	80	C) – C)

a. 计算 Value 公司的隐含企业价值范围

b. 计算 Value 公司的隐含股权价值范围

c. 计算 Value 公司的隐含股票价格范围

12. 利用下列信息和公司 LTM 净利润，计算 Value 公司的隐含估值范围。

（单位：100万美元，除每股数据外）

净利润	财务指标	乘数范围	隐含股权价值	全面稀释已发行普通股数	隐含股票价格
LTM	$300	11.0× – 13.0×	A) – A)	80	B) – B)

a. 计算 Value 公司的隐含股权价值范围

   _____

b. 计算 Value 公司的隐含股票价格范围

   _____

13. 以下哪个是进行可比公司分析的正确步骤？

    Ⅰ. 找出必要的财务信息

    Ⅱ. 选择可比公司系列

    Ⅲ. 制表计算关键指标、比率和交易乘数

    Ⅳ. 确定估值

    Ⅴ. 进行可比公司的基准比较

    A. Ⅱ，Ⅰ，Ⅲ，Ⅴ，Ⅳ

    B. Ⅰ，Ⅱ，Ⅲ，Ⅳ，Ⅴ

    C. Ⅱ，Ⅰ，Ⅲ，Ⅳ，Ⅴ

    D. Ⅲ，Ⅰ，Ⅳ，Ⅴ，Ⅳ

14. 除_____外，以下各项均是从业务特征方面选择可比公司的标准。

    A. 产品或服务

    B. 分销渠道

    C. 投资收益率

    D. 所属行业领域

15. 除_____外，以下各项均是从财务特征方面选择可比公司的标准。

    A. 信用概况

    B. 增长概况

    C. 盈利能力

    D. 地理位置

16. 以下哪些选项是从关键业务特征方面来筛选可比公司的标准？

    Ⅰ．所属行业

    Ⅱ．投资收益率

    Ⅲ．终端市场

    Ⅳ．分销渠道

    Ⅴ．总资产收益率

    A．Ⅰ和Ⅲ
    B．Ⅱ和Ⅳ
    C．Ⅰ，Ⅲ和Ⅳ
    D．Ⅰ，Ⅱ，Ⅲ，Ⅳ和Ⅴ

17. 以下哪些选项是从财务特征方面来筛选可比公司的标准？

    Ⅰ．顾客

    Ⅱ．盈利能力

    Ⅲ．增长概况

    Ⅳ．信用概况

    Ⅴ．终端市场

    A．Ⅱ和Ⅲ
    B．Ⅱ，Ⅲ和Ⅳ
    C．Ⅰ，Ⅱ和Ⅳ
    D．Ⅱ，Ⅲ和Ⅴ

18. 终端市场是指_____。

    A．某个公司将自身的产品或服务销往的市场
    B．某个公司将自身的产品或服务销往终端消费者的媒介
    C．产品或服务的终端消费者
    D．分销公司产品或服务的商店

19. 分销渠道是指_____。

    A. 某个公司将自身的产品或服务销往的市场

    B. 某个公司将自身的产品或服务销往终端消费者的媒介

    C. 产品或服务的终端消费者

    D. 分销公司产品或服务的商店

20. 以下哪一项不是衡量公司盈利能力的财务指标？

    A. 毛利率

    B. EBITDA 利润率

    C. EBIT 利润率

    D. 股权价值

21. 以下哪一项不是找出可比公司财务信息的来源？

    A. 10 – K

    B. 13 – D

    C. 投资者简报

    D. 股票研究报告

22. 在可比交易法中，以下哪一项是全面稀释已发行普通股数的正确算法？

    A. 价外期权和认股权证 + 价内可转换债券

    B. 基本已发行普通股数 + 价内期权和认股权证 + 价内可转换债券

    C. 价内期权和认股权证 + 价内可转换债券

    D. 基本已发行普通股数 + 价外期权和认股权证

23. 在确定全面稀释已发行普通股时，使用哪种方法来确定价内期权和认股权证的新增股数？

    A. 库存股份法（Treasury Stock Method）

    B. 假设转换法（"If-Converted" Method）

    C. 净股票结算法（Net Share Settlement Method）

    D. "价内"法（"In-the-Money" Method）

24. 利用下列信息分别计算公司的股权价值和企业价值。

假设 （单位：100万美元，除每股数据外，股数以100万计）	
当前股票价格	$20.00
全面稀释已发行普通股数	50.0
总负债	250.0
优先股	35.0
非控股股东权益	15.0
现金及现金等价物	50.0

A. 10亿美元；12.5亿美元

B. 10亿美元；13.5亿美元

C. 17亿美元；19.15亿美元

D. 17亿美元；13.5亿美元

25. 利用下列信息，计算全面稀释已发行普通股数。

假设 （单位：100万美元，除每股数据外，股数以100万计）	
当前股票价格	$25.00
基本已发行普通股数	200.00
可行权期权	20.0
加权平均行权价格	$10.00

A. 1.504亿股

B. 2.005亿股

C. 2.12亿股

D. 2.2亿股

26. 利用下列信息，计算全面稀释已发行普通股数。

假设 （单位：100万美元，除每股数据外，股数以100万计）	
当前股票价格	$40.00
基本已发行普通股数	300.0
可行权期权	10.0
加权平均行权价格	$26.00

A. 2.954亿股

B. 3 亿股

C. 3.035 亿股

D. 3.1 亿股

27. 若某公司企业价值为 10 亿美元，股权价值 11.5 亿美元，则公司的净负债是多少？

   A. 2.5 亿美元

   B. -2.5 亿美元

   C. 1.5 亿美元

   D. -1.5 亿美元

28. 当计算全面稀释已发行普通股数时，以下哪一种是处理期权和认股权证最保守（最大稀释情况下）的方法？

   A. 使用全部发行的价内期权和认股权证

   B. 使用全部可行权的价内期权和认股权证

   C. 忽略全部价内期权和认股权证

   D. 忽略全部已发行的价内期权和认股权证

29. 在进行可比公司分析时，以下哪一种价内期权在计算全面稀释已发行普通股数时可能被排除在外？

   A. 可行权的

   B. 净股票结算的

   C. 已发行但不能行权的

   D. 假设转换的

30. 利用下列信息，计算全面稀释已发行普通股数。

假设 (单位：100 万美元，除每股数据，股数以 100 万计)	
公司信息	
当前股票价格	$45.00
基本已发行普通股数	$250.00
可转债	
可转债金额	$300.0
转换价格	$30.00

A. 2.005 亿股

B. 2.538 亿股

C. 2.6 亿股

D. 2.655 亿股

31. 利用下列信息，计算全面稀释已发行普通股数。

假设（单位：100万美元，除每股数据外，股数以100万计）	
当前股票价格	$30.00
基本已发行普通股数	350.0
可行权期权	10.0
加权平均行权价格	$15.00
可转债金额	$250.0
可转债转换价格	$20.00

A. 3.25 亿股

B. 3.553 亿股

C. 3.635 亿股

D. 3.675 亿股

利用下列信息，回答 32~33 题。

假设（单位：100万美元，除每股数据外，股数以100万计）	
当前股票价格	$30.00
转换价格	22.50
可转债金额	$225.0

32. 使用假设转换法，计算净新增股份数。

A. 2.5

B. 5.0

C. 10.0

D. 12.5

33. 使用净股票结算法，计算净新增股份数。

A. 2.5

B. 5.0

C. 10.0

D. 12.5

34. 计算企业价值的公式为：
    A. 股权价值 + 总负债
    B. 股权价值 + 总负债 + 优先股 + 非控股股东权益 − 现金
    C. 股权价值 + 总负债 − 优先股 − 非控股股东权益 − 现金
    D. 股权价值 + 总负债 + 优先股 + 非控股股东权益 + 现金

35. 当其他条件相同时，若公司发行新股并将收入全部用来偿还负债，企业价值如何变化？
    A. 保持不变
    B. 增加
    C. 减少
    D. 信息不足以回答问题

36. 如果公司发行 2 亿美元普通股并且将全部发行收入用于偿还负债（不考虑各种费用），请进行必要的调整并计算预估金额。

发行普通股用以偿还负债 *(单位：100 万美元)*			
	2018A	+ 调整 −	2018E
股权价值	$1 200.0		
+：总负债	750.0		
+：优先股	100.0		
+：非控股股东权益	50.0		
−：现金及现金等价物	(100.0)		
企业价值	$2 000.0		

37. 以下哪个公司有较高的毛利率？

    单位：100 万美元

公司 A	
销售收入	$400.0
销货成本	$250.0

公司 B	
销售收入	$1 000.0
销货成本	$550.0

    A. 公司 A
    B. 公司 B
    C. 两家公司一样
    D. 信息不足以回答问题

38. 利用下列信息，计算2016—2018年和2018—2020年期间的年复合增长率。

	财年截至12月31日						
	2016A	2017A	2018A	2016—2018年复合增长率	2019E	2020E	2018—2020年复合增长率
稀释EPS	$1.35	$1.60	$1.80		$2.00	$2.20	
增长率		*18.5%*	*12.5%*		*11.1%*	*10.0%*	

   A. 15.5% 和 10.6%

   B. -13.4% 和 -9.3%

   C. 13.4% 和 9.3%

   D. 13% 和 9%

39. 以下哪一项不是衡量公司增长的指标？

   A. 长期EPS增长率

   B. 历史EPS年复合增长率

   C. EBITDA利润率

   D. 年同比销售收入增长率

40. 计算公司投资资本回报率（ROIC）。

假设（单位：100万美元）	
EBIT	$150.0
净负债	275.0
股东权益	475.0
应付账款	35.0
资本性支出	50.0

   A. 19.1%

   B. 20.0%

   C. 24.7%

   D. 30.0%

41. 计算公司净资产收益率（ROE）。

假设（单位：100万美元）	
息税前利润（EBIT）	$150.0
净利润	85.0
净负债	300.0
股东权益	315.0

㊀ 大家经常看到的A为Actual的首字母缩写，代表实际数；E为Estimate的首字母缩写，代表预期。如2014A为2014年已发生的数值，2014E则为2014年预估值。——译者注

A. 10.0%

B. 10.4%

C. 27.0%

D. 29.1%

42. 计算公司的总资产收益率（ROA）。

假设（单位：100万美元）	
EBIT	$200.0
净利润	150.0
净负债	250.0
股东权益	450.0
总资产	625.0

A. 19.4%

B. 22.4%

C. 24.0%

D. 25.2%

43. 计算公司负债对资本总额的比率。

假设（单位：100万美元）	
负债	$200.0
优先股	195.0
非控股股东权益	50.0
股东权益	675.0
现金	100.0

A. 17.9%

B. 19.7%

C. 20.5%

D. 23.0%

44. 当计算利息保障倍数（Interest Coverage Ratio）时，以下哪一项不能用在分子中？

A. 净利润

B. EBIT

C. EBITDA

D. 息税折旧摊销前利润 – 资本性支出

45. Aaa，Aa1 和 Aa2 属于以下哪个评级机构的评级？

  A. S&P（标准普尔）

  B. Moody's（穆迪）

  C. Fitch（惠誉）

  D. SEC（美国证券交易委员会）

46. 以下哪一类评级属于投资性评级？

  A. Ba1

  B. BB +

  C. BB –

  D. BBB –

47. 以下哪一类评级相当于穆迪的 B +？

  A. B1

  B. B2

  C. Ba1

  D. Baa1

48. 利用下列信息计算截至 2019 年 9 月 30 日 LTM 销售收入。

销售数据（单位：100 万美元）	
年初至 2019 年 9 月 30 日销售收入	$ 1 600.0
年初至 2018 年 9 月 30 日销售收入	1 450.0
年初至 2017 年 9 月 30 日销售收入	1 375.0
2018 年销售收入	2 250.0
2017 年销售收入	2 000.0

A. 19.007 亿美元

B. 20.005 亿美元

C. 21 亿美元

D. 24 亿美元

49. 利用下列信息计算截至 2018 年 12 月 31 日过往 12 个月销售收入。

销售数据(单位：100 万美元)	
年初至 2019 年 6 月 30 日销售收入	$ 2 500.0
年初至 2018 年 6 月 30 日销售收入	2 350.0
年初至 2017 年 6 月 30 日销售收入	2 150.0
2018 年销售收入	4 250.0
2017 年销售收入	4 000.0

A. 25 亿美元

B. 42.5 亿美元

C. 40 亿美元

D. 45 亿美元

50. 为了与以日历年为财务年度截止日期的公司进行比较，请将以 2018 年 4 月 30 日为财务年度截止日的销售额转化为 2018 年日历年销售收入。

销售数据(单位：100 万美元)	
预估截至 2019 年 4 月 30 日财年销售收入	$ 1 650.0
截至 2018 年 4 月 30 日财年实际销售收入	1 500.0
截至 2017 年 4 月 30 日财年实际销售收入	1 350.0

A. 10.505 亿美元

B. 15.5 亿美元

C. 16 亿美元

D. 16.555 亿美元

51. 假设折旧和摊销费用为 5 000 万美元、重组费用为 1 000 万美元、存货减值损失为 500 万美元，请分别计算调整后的 EBITDA 和 EPS。

利润表 (单位：100万美元，除每股数据外)	
	2018年报告值
销售收入	$1 000.0
销货成本	625.0
毛利润	**$375.0**
销售、管理及行政费用	230.0
重组费用	10.0
息税前利润	**$135.0**
利息费用	35.0
税前利润	**$100.0**
所得税（税率40%）	25.0
净利润	**$75.0**
稀释加权平均股数	30.0
稀释每股收益	$2.50

A. 7500万美元，1.85亿美元，2.88美元

B. 8630万美元，2亿美元，2.88美元

C. 8880万美元，2亿美元，2.5美元

D. 8880万美元，1亿美元，2.5美元

52. P/E 与下列哪一项是相等的？

    A. 股权价值/净利润

    B. 企业价值/净利润

    C. 企业价值/EBITDA

    D. 股价/自由现金流

53. 以下哪一项不是合适的估值乘数？

    A. 企业价值/EBITDA

    B. 企业价值/EBIT

    C. 企业价值/净利润

    D. 企业价值/销售收入

54. 以下哪一项不是合适的估值乘数？

   A. 股权价值/EBITDA

   B. 企业价值/息税折旧摊销租金前利润（EBITDAR）

   C. 权益价值/账面价值

   D. 企业价值/资源

55. 如果一家公司有非控股股东权益，哪一个报表包含了计算企业价值所需的数据？

   A. 利润表

   B. 资产负债表

   C. 现金流量表

   D. 管理层讨论与分析

56. 最具有普遍性并被广泛应用的估值乘数是哪两个？

   Ⅰ. 企业价值/EBITDA

   Ⅱ. EBITDA/利息费用

   Ⅲ. 总负债/EBITDA

   Ⅳ. 市盈率（P/E）

   A. Ⅰ和Ⅱ

   B. Ⅰ和Ⅳ

   C. Ⅱ和Ⅲ

   D. Ⅱ和Ⅳ

57. 进行可比公司分析的假设前提是什么？

_____

_____

_____

_____

58. 两家公司在业务特征上非常相似，但是它们目前的交易乘数有着较大的区别。哪些财务特征方面的差异可以解释这种现象？

59. 在其他条件相同时，一家高杠杆和一家有着适度甚至较低杠杆的公司相比，哪一家公司会有较高的交易乘数？为什么？

60. 为什么有时会对可比公司进行细分分组？

61. 将 SEC 报表简称与它们的正式名称进行匹配。

10 - K	股东委托书决议
10 - Q	年度报告
8 - K	当前报告
DEF14A	季度报告

62. 将估值乘数与通常使用它的行业进行匹配。

企业价值/储量	零售业
企业价值/EBITDAR	金融机构
企业价值/订阅人数	金属及采矿业
市净率	媒体行业

63. 进行可比公司分析的优点有哪些？

64. 当进行可比公司分析时，有哪些因素是需要考虑的？

第一章　答案及解析

1. 计算全面稀释已发行普通股数。

计算全面稀释已发行普通股数（单位：100万美元，除每股数据外，股数以100万计）

基本已发行普通股数	98.500
加：价内期权产生的股份数	2.750
减：股份回购数	(1.250)
期权产生的净新股	1.500
加：可转债券产生的股份数	–
全面稀释已发行普通股数	100.000

- =期权产生的净新股+基本已发行普通股
  =150万股+9 850万股
- =价内期权产生的股份数-股份回购数
  =275万股–125万股
- =全部期权行权收入/当前股票价格
  =6 250万美元/50美元
- =价内期权股份数合计

期权/认股权证（单位：100万美元，除每股数据外，股数以100万计）

批次	股票数	行权价格	价内股份数	收入
批次1	1.250	$10.00	1.250	$12.5
批次2	1.000	30.00	1.000	30.0
批次3	0.500	40.00	0.500	20.0
批次4	0.250	60.00	–	–
批次5	–	–		
总计	3.000		2.750	$62.5

- =批次1价内股份数+批次2价内股份数+批次3价内股份数
  =125万股+100万股+50万股

- =IF（加权平均行权价格<当前股价，则显示股份数，其他情况显示0）
  =IF（$10.00<$50.00,1.250，0）

- =批次1价内期权收入+批次2价内期权收入+批次3价内期权收入
  =1 250万美元+3 000万美元+2 000万美元

- =IF（价内股份数>0，则显示价内期权股份数×加权平均行权价格，其他情况显示0）
  =IF（1.250>0,1.250×$10.00，0）

a. 275万股。价内期权/认股权证合计新增股份数的计算是将所有批次的价内期权相加,即行权价格低于当前股票价格50.00美元的所有期权/认股权证之和。(125万股+100万股+50万股)

b. 6 250万股。价内期权/认股权证行权收益合计是将所有批次的价内期权相加,即行权价格低于当前股票价格50.00美元的所有期权/认股权证收益之和。(1 250万美元+3 000万美元+2 000万美元)

c. 150万股。在库存股份法下,将Gasparro公司潜在的6 250万美元期权行权收益用来回购当前交易价格为50美元的股份。因此,回购的股份数量为125万股(6 250万美元/50美元)。新增股份数则为价内期权和认股权证合计新增股份数减去股份回购的数量。(275万股-125万股)

d. 1亿股。全面稀释已发行普通股份数等于基本已发行普通股份数加上新增股份数。(9 850万股+150万股)。

2. 计算股权价值及企业价值。

精选市场数据 （单位:100万美元,除每股数据外,股数以100万计）		
当前股价	2019/12/20	$50.00
与52周最高价格比		80.0%
52周最高价格	2019/7/20	62.50
52周最低价格	2019/4/5	40.00
最近季度每股股息（MRQ）		0.25
全面稀释已发行普通股数		100.000
股权价值		**$5 000.0**
+：总负债		1 850.0
+：优先股		—
+：非控股股东权益		—
−：现金及现金等价物		(100.0)
企业价值		**$6 750.0**

=股权价值+总负债−现金
=50亿美元+18.5亿美元−1亿美元

=当前股票价格×全面稀释已发行普通股数
=50.00美元×1亿股

a. 50亿美元。股权价值计算是全面稀释已发行普通股数×当前股价。(1亿股×50.00美元)

b. 67.5亿美元。企业价值计算是股权价值+总负债-现金及现金等价物。(50亿美元+18.5亿美元-1亿美元)

3. 调整一次性及非经常性科目。

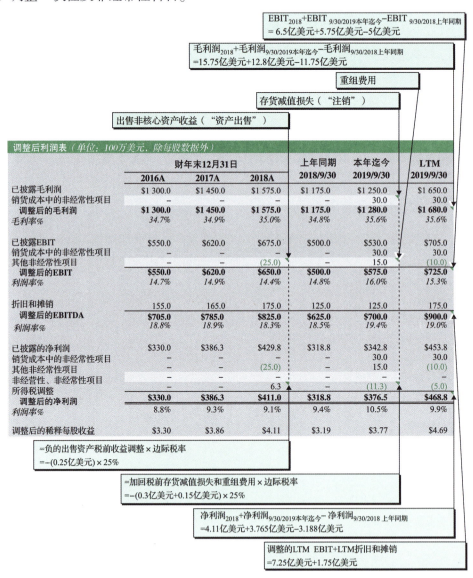

a. 16.8亿美元。为了计算经调整后的LTM毛利润，首先将记入到销货成本中的3 000万美元非经常性存货减值损失加回到本年截至2019/9/30。

LTM 毛利润的计算则由上一财年全部的毛利润，加上本年迄今的毛利润，再减去上年同期的毛利润。（15.75 亿美元 + 12.8 亿美元 – 11.75 亿美元）

b. 7.25 亿美元。计算经调整后的 LTM EBIT，首先加回 2019/9/30 当期的 1 500 万美元重组费用，并除去 2018 财年包括的 2 500 万美元资产出售收益。接着，LTM 指标的计算过程如 3（a）所示。（6.5 亿美元 + 5.75 亿美元 – 5 亿美元）

c. 9 亿美元。为了计算经调整后的 LTM EBITDA，将 LTM 折旧和摊销加回到 LTM EBIT。（7.25 亿美元 + 1.75 亿美元）

d. 4.688 亿美元。为计算经调整后的 LTM 净利润，首先要将全部的非经常性支出加回到净利润中，并进行所得税调整（将要加回的金额乘以 Gasparro 公司的边际税率）。然后，LTM 指标的计算过程如 3（a）所示。（4.11 亿美元 + 3.765 亿美元 – 3.188 亿美元）

4. 计算投资收益率。

LTM投资收益率	
投资资本收益率	21.1%
净资产收益率	28.2%
总资产收益率	9.5%
隐含全年每股股息收益率	2.0%

=LTM经调整的EBIT/平均值（总负债$_{2018}$-现金$_{2018}$+股东权益$_{2018}$，总负债$_{2019/9/30}$-现金$_{2019/9/30}$+股东权益$_{2019/9/30}$）
=7.25亿美元/{[(18.75亿美元–0.75亿美元+16亿美元)+(18.5亿美元–1亿美元+17.25亿美元)]/2}

=LTM经调整的净利润/平均值(股东权益$_{2018}$，股东权益$_{2019/9/30}$)
=4.688亿美元/[(17.25亿美元+16亿美元)/2]

=LTM经调整的净利润/平均值(总资产$_{2018}$，总资产$_{2019/9/30}$)
= 4.688亿美元/[(48.25亿美元+50亿美元)/2]

=(季度股息×4)/当前股价
=(0.25美元×4)/50.00美元

a. 21.1%。投资资本收益率计算：LTM 经调整后的 EBIT 除以平均总投资资本（负债 + 股东权益 – 现金）。7.25 亿美元/{[(18.75 亿美元 – 0.75 亿美元 + 16 亿美元) + (18.5 亿美元 – 1 亿美元 + 17.25 亿美元)]/2}

b. 28.2%。净资产收益率计算：LTM 经调整后的净利润除以平均股东权益。4.688 亿美元/ [(17.25 亿美元+16 亿美元) /2]

c. 9.5%。总资产收益率的计算：LTM 经调整后的净利润除以平均总资产。4.688 亿美元/ [(48.25 亿美元+50 亿美元) /2]

d. 2.0%。隐含平均每股股息率计算：（最近一期季度股息×4)/当前股价。(0.25 美元×4)/50.00 美元

5. 信用比率。

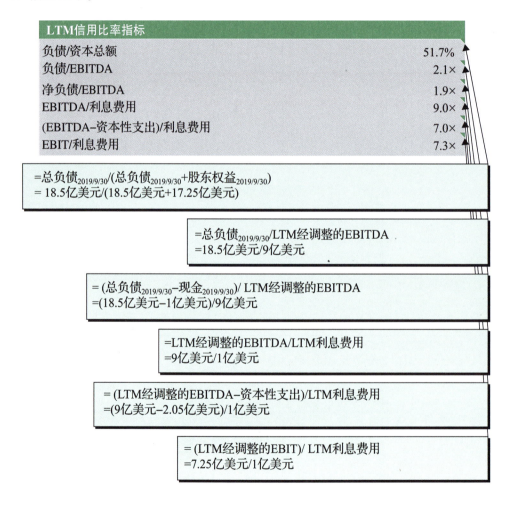

a. 51.7%。资产负债率的计算公式为负债除以资本总额。18.5 亿美元/ (18.5 亿美元+17.25 亿美元)

b. 2.1 倍。总负债对 EBITDA 的比率计算公式为负债除以 EBITDA。18.5 亿美元/9 亿美元。

c. 1.9 倍。净负债对 EBITDA 的比率计算公式为净负债（总负债－现金）除以 LTM 经调整后的 EBITDA。(18.5 亿美元－1 亿美元)/9 亿美元。

d. 9.0 倍。LTM 经调整后的 EBITDA/LTM 利息费用。9 亿美元/1 亿美元。

e. 7.0 倍。(EBITDA－资本性支出)/利息费用。(9 亿美元－2.05 亿美元)/1 亿美元。

f. 7.3 倍。LTM 经调整后的 EBIT/LTM 利息费用。7.25 亿美元/1 亿美元。

6. 交易乘数

交易乘数（单位：100万美元，除每股数据外）	LTM截至 2019/9/30	下一财年: 2019E	下一财年+1: 2020E	下一财年+2: 2021E
企业价值/销售收入	1.4×	1.4×	1.3×	1.2×
数值	$4 725.0	$5 000.0	$5 350.0	$5 625.0
企业价值/EBITDA	7.5×	7.1×	6.6×	6.3×
数值	$900	$950.0	$1 025.0	$1 075.0
企业价值/EBIT	9.3×	8.8×	8.2×	7.8×
数值	$725.0	$765.0	$825.0	$865.0
市盈率（P/E）	10.7×	9.8×	9.1×	8.7×
数值	$4.69	$5.10	$5.50	$5.75
自由现金流收益率	6.3%	7.5%	8.3%	9.1%
数值	$315.0	$375.0	$415.0	$455.0

=企业价值/LTM 销售收入
=67.5亿美元/47.25亿美元

=企业价值/预估2019年EBITDA
=67.5亿美元/9.5亿美元

=企业价值/预估2020年EBIT
=67.5亿美元/8.25亿美元

=当前股价/预估2021年EPS
=50.00美元/5.75美元

=预估2021年自由现金流/股权价值
=4.55亿美元/50亿美元

a. 1.4 倍。企业价值/LTM 销售收入。(67.5 亿美元/47.25 亿美元)

b. 7.1 倍。企业价值/下一财年 EBITDA：企业价值/预估 2019 年 EBITDA。(67.5 亿美元/9.5 亿美元)

c. 8.2 倍。企业价值/（下一财年+1）EBIT：企业价值/预估 2020 年 EBIT。(67.5 亿美元/8.25 亿美元)

d. 8.7 倍。股价/（下一财年+2）EPS：当前股价/预估 2021 年 EPS。(50 美元/5.75 美元)

e. 9.1%。自由现金流收益率（下一财年+2 自由现金流除以股权价值）：预估 2021 年自由现金流/股权价值。(4.55 亿美元/50 亿美元)

7. 增长率。

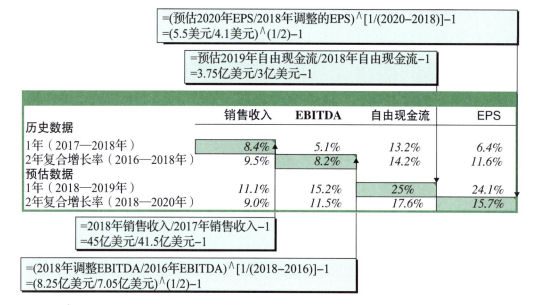

a. 8.4%。历史一年销售收入增长率计算为 2018 年销售收入除以 2017 年销售收入减 1。(45 亿美元/41.5 亿美元 – 1)

b. 8.2%。历史两年 EBITDA 复合增长率计算为（2018 年调整 EBITDA/2016 年 EBITDA)^[1/(2018 – 2016)] – 1。(8.25 亿美元/7.05 亿美元)^(1/2) – 1。

c. 25.0%。预估一年的自由现金流增长率计算为预估 2019 年自由现金流除以 2018 年自由现金流，然后再减 1。(3.75 亿美元/3 亿美元 – 1)

d. 15.7%。预估两年 EPS 年复合增长率计算为（预估 2020 年每股收益/2018 年调整的每股收益)^1/(2020 – 2018)) – 1。(5.5 美元/4.1 美元)^(1/2) – 1

8. 财务比率和利润率。

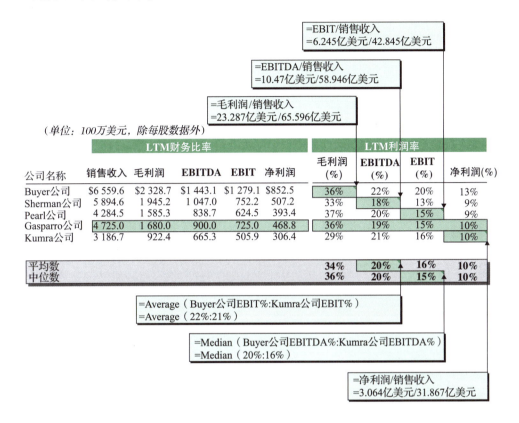

a. 35.5%。毛利率等于毛利润除以销售收入。(23.287 亿美元/65.596 亿美元)

b. 17.8%。EBITDA 利润率等于 EBITDA 除以销售收入。(10.47 亿美元/58.946 亿美元)

c. 14.6%。EBIT 利润率等于 EBIT 除以销售收入。(6.245 亿美元/42.845 亿美元)

d. 9.6%。净利率等于净利润除以销售收入。(3.064 亿美元/31.867 亿美元)

e. 19.9%。可比公司分析中 EBITDA 利润率的平均数是计算可比公司系列的 EBITDA 利润率的平均数。

f. 15.3%。可比公司分析中的 EBIT 利润率中位数是计算可比公司系列的 EBIT 利润率的中位数。

9. 杠杆率和偿付比率的基准计算。

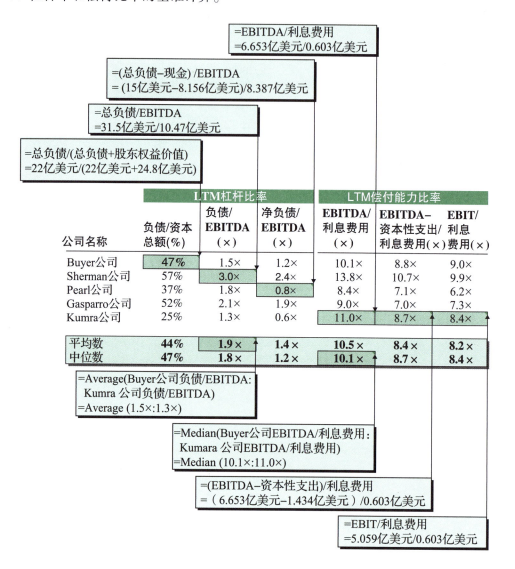

a. 47.0%。负债/资本总额比率等于总负债/（总负债+股东权益价值）。[22亿美元/（22亿美元+24.8亿美元）]

b. 3.0×。负债/EBITDA 比率等于总负债/EBITDA。（31.5亿美元/10.47亿美元）

c. 0.8×。净负债/EBITDA 比率等于（总负债－现金）/EBITDA。（15亿美元－8.156亿美元）/8.387亿美元

d. 11.0×。EBITDA/利息费用比率等于 EBITDA/利息费用。（6.653亿美元/0.603亿美元）

e. 8.7×。(EBITDA – 资本性支出)/利息费用比率等于(EBITDA – 资本性支出)/利息费用。[(6.653亿美元 – 1.434亿美元)/0.603亿美元]

f. 8.4×。EBIT/利息费用比率等于EBIT/利息费用。(5.059亿美元/0.603亿美元)

g. 1.9×。负债/EBITDA 杠杆比率的平均数为可比公司系列的负债对 EBITDA 比率计算平均数。

h. 10.1×。EBITDA/利息费用的中位数是计算可比公司系列的 EBITDA 对利息费用的比率并取中位数。

10. 可比公司分析。

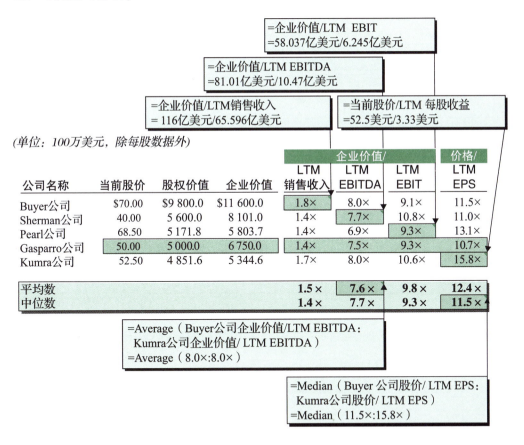

a. 1.8×。企业价值/LTM 销售收入比率等于企业价值除以 LTM 销售收入。(116亿美元/65.596亿美元)。

b. 7.7×。企业价值/LTM EBITDA 比率等于企业价值除以 LTM EBITDA。

(81.01 亿美元/10.47 亿美元)。

c. 9.3×。企业价值/LTM EBIT 比率等于企业价值除以 LTM EBIT。(58.037 亿美元/6.245 亿美元)

d. 15.8×。股价/LTM EPS 比率等于当前股价除以 LTM EPS。(52.5 美元/3.33 美元)

e. 7.6×。可比公司的企业价值/LTM EBITDA 比率的平均数是可比公司系列的企业价值对 LTM EBITDA 的比率取平均数。

f. 11.5×。可比公司的股价对 LTM EPS 中位数是可比公司系列的股价与 LTM EPS 的比率取中位数。

11. 利用 LTM EBITDA 计算隐含估值范围。

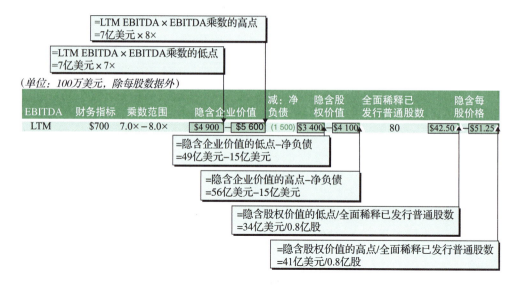

a. 49 亿美元。隐含企业价值的低点等于 LTM EBITDA 乘以 EBITDA 乘数的低点。(7 亿美元 ×7×)

56 亿美元。隐含企业价值的高点等于 LTM EBITDA 乘以 EBITDA 乘数的高点。(7 亿美元 ×8×)

b. 34 亿美元。隐含股权价值的低点等于隐含企业价值的低点减净负债。(49 亿美元 – 15 亿美元)

41 亿美元。隐含股权价值的高点等于隐含企业价值的高点减净负债。(56 亿美元 – 15 亿美元)

c. 42.5 美元。隐含股价的低点等于隐含股权价值的低点除以全面稀释已发行普通股数。(34 亿美元/0.8 亿股)

51.25 美元。隐含股价的高点等于隐含股权价值的高点除以全面稀释已发行普通股数。(41 亿美元/0.8 亿股)

12. 利用 LTM 净利润计算隐含估值范围。

a. 33.00 亿美元。隐含股权价值的低点等于 LTM 净利润乘以 P/E 乘数范围的低点。(3.00 亿美元 × 11.0 ×)

39.00 亿美元。隐含股权价值的高点等于 LTM 净利润乘以 P/E 乘数范围的高点。(3.00 亿美元 × 13.0 ×)

b. 41.25 美元。隐含股票价格的低点等于隐含股权价值的低点除以全面稀释已发行普通股数。(33.00 亿美元/0.8 亿股)

48.75 美元。隐含股票价格的高点等于隐含股权价值的高点除以全面稀释已发行普通股数。(39.00 亿美元/0.8 亿股)

13. A。正确的顺序是：

Ⅰ．选择可比公司系列

Ⅱ．找出必要的财务信息

Ⅲ．制表计算关键指标、比率和交易乘数

Ⅳ．进行可比公司的基准比较

Ⅴ．确定估值

14. C。尽管四个特征都可以用来确定可比公司，但是投资收益率属于财务特征而不是业务特征。

> **业务概况**
> - 行业概况
> - 产品和服务
> - 消费者和终端市场
> - 分销渠道
> - 地理位置

15. D。尽管四个特征都可以用来确定可比公司，但是地理位置属于业务特征而不是财务特征。

> **财务概况**
> - 规模
> - 盈利能力
> - 增长性
> - 投资回报
> - 信用概况

16. C。行业、终端市场和分销渠道都是筛选可比公司的关键业务特征。

17. B。盈利能力、增长性和信用记录都是筛选可比公司的关键财务特征。

18. A。一个公司的终端市场是指它在其中销售自己的产品或服务的广泛的基础市场。例如，塑料制造商可能面向数个终端市场销售，包括汽车、建筑、消费品、医疗设施和包装市场。终端市场必须与客户区分开来。例如，一个公司的产品有可能销往住宅终端市场，但却是销售给零售商或供应商，而不是住宅建筑商。

19. B。分销渠道是公司将其产品或服务卖给终端用户的途径。例如，主要卖给批发商的公司，其组织架构和成本结构常常迥然不同于直接卖给零售商或终端用户的公司。卖给超市或零售商要求有物质性基础设施、销售队伍和后勤保障，而这些在服务对于专业或批发渠道可能并不需要。也有一些公司的销售同时分布在批发、零售或直接面向顾客等几个层面上。

20. D。毛利率、EBITDA利润率、EBIT利润率和净利率都可以用来衡量一家公司的盈利能力。

21. B。当一个投资者或关联投资者取得了一家公司超过5%的股份时，就要求填报13-D表。13-D表不包含可比公司的相关财务信息。

22. B。全面稀释已发行普通股数是由基本已发行普通股数＋价内期权和认股权证＋价内可转换债券计算得来。在进行可比分析时，仅有价内期权/认股权证和价内可转换债券在计算时被包括进去。

23. A。公司价内期权和认股权证行权的增量股票计算通常采用库存股份法（TSM）。价内可转换债券和权益关联证券则通常根据假设转换法（if-converted）或者净股票结算法（NSS）进行计算。

24. A。股权价值（股票市值）是由公司的基本已发行普通股、价内股票期权/认股权证和可转换债券相加而得到全面稀释已发行普通股数所代表的价值。企业价值（企业总价值或企业价值）是公司股权持有人和债权持有人对公司资产所要求的权益之和，其定义为股权价值＋总负债＋优先股＋非控股股东权益－现金及现金等价物。

=当前股票价格×全面稀释已发行普通股数
=20.00美元×0.5亿股

企业价值计算（单位：100万美元）	
股权价值	$1 000.0
加：总负债	250.0
加：优先股	35.0
加：非控股股东权益	15.0
减：现金及现金等价物	(50.0)
企业价值	$1 250.0

=股权价值+总负债+优先股+非控股股东权益-现金及现金等价物
=10亿美元+2.5亿美元+0.35亿美元+0.15亿美元-0.5亿美元

25．C。如下表所示，2 000万的期权因为其行权价10美元低于股票市价25美元，所以为价内期权。这意味着期权持有者有权以10美元/每股买入公司股票并以市价25美元/每股卖出，由此实现15美元/每股的差价。在库存股法中，假设公司利用行权者每股10美元的收入回购当前每股市价为25美元的股票。因此，回购股票的数量为800万股。为计算净增新股，2 000万期权行权新增股票减去回购800万股股票，股份净增加1 200万股。这些净增加股份与公司基本已发行普通股相加就得到公司全面稀释已发行普通股数，为2.12亿股。

26．C。计算如下：

27．D。隐含股权价值等于企业价值减去净负债。

28．A。最大稀释情境就是假设所有已发行的期权和认股权证全部行权。

第一章　可比公司分析

29. C。一旦股票期权等待期到期（vesting period expired），它们就可以被转换为普通股（可行权）。

30. C。因为公司的当前股价 45 美元高于可转债转换价格 30 美元，因此价值 3 亿美元的可转换债券为价内状态。因此，发行的可转债金额除以转换价格，计算得出新发股票为 1 000 万股（3 亿美元/30 美元）。因此，可转债增发的新股与公司基本已发行的股份 2.5 亿股，求和得出公司全面稀释已发行普通股数为 2.6 亿股。

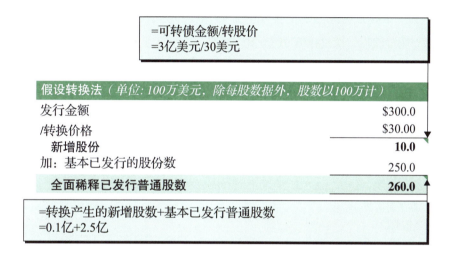

31. D。计算如下：

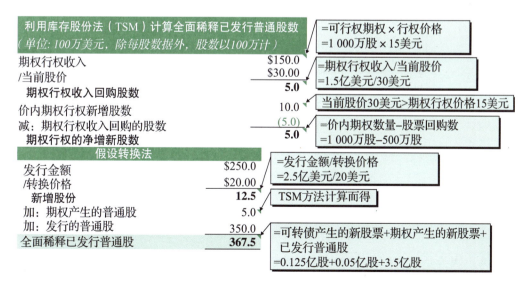

32. C。计算如下：

假设转换法	
（单位：100万美元，除每股数据外，股数以100万计）	
发行金额	$225.0
/转换价格	$22.50
增量股	**10.0**

33. A。净股票结算方法（NSS）的计算首先用可转换的股票数1 000万乘以公司当前股价30美元得出内在转换价值3亿美元。可转换价值与票面价值的差额为7 500万美元（3亿美元 − 2.25亿美元），除以当前股价得出新增股份数250万股。(7 500万美元/30美元)

34. B。企业价值 = 股权价值 + 总负债 + 优先股 + 非控股股东权益 − 现金

35. A。因为企业价值与资本结构无关，因此无论资本结构如何变化，企业价值都保持不变。

36. 若公司发行普通股并用其发行收入偿还负债，增加的股权价值与减少的负债等额。

发行普通股偿还负债（单位：100万美元）	2018 实际值	调整 +	−	2018 预估值
股权价值	$1 200.0	200.0		$1 400.0
加：总负债	750.0		(200.0)	550.0
加：优先股	100.0			100.0
加：少数股权	50.0			50.0
减：现金及现金等价物	(100.0)			(100.0)
企业价值	$2 000.0			$2 000.0

37. B。公司B的毛利润率是45.0%，公司A的毛利润率是37.5%。计算毛利润率的公式如下。

$$毛利润率 = \frac{毛利润（销售收入-销货成本）}{销售额}$$

38. A。计算步骤如下：

12月31日财年末	2016年 实际值	2017年 实际值	2018年 实际值	2016—2018年 复合增长率	2019年 预估值	2020年 预估值	2018—2020年 复合增长率
稀释的EPS	$1.35	$1.60	$1.80	15.5%	$2.00	$2.20	10.6%
增长率		18.5%	12.5%		11.1%	10.0%	

=(终值/初值)^(1/终年−初年)−1
=($1.80/$1.35)^[1/(2018−2016)]−1

=(终值/初值)^(1/终年−初年)−1
=($2.20/$1.80)^[1/(2020−2018)]−1 ⊖

39. C。在评定公司的成长面时，历史的和预估未来的各种增长率财务指标（如销售收入、EBITDA、EPS）都可以作为参照指标。但是用来衡量公司经营盈利能力的EBITDA利润率不能用来衡量增长情况。

⊖ 英文原书计算有误，特此更正。——译者注

40. B。投资资本收益率（ROIC）使用息前收益指标作为分子，例如 EBIT；而分母则要包括平均净负债和所有者权益两部分内容。

$$ROIC = \frac{EBIT}{\text{平均净负债} + \text{所有者权益}}$$

41. C。净资产收益率（ROE）使用扣除利息费用的指标作为分子，例如净利润，使用平均股东权益作为分母。计算 ROE 的公式如下：

$$ROE = \frac{\text{净利润}}{\text{平均股东权益}}$$

42. C。如下公式所示，资产收益率（ROA）用净利润为分子，平均总资产为分母。

$$ROA = \frac{\text{净利润}}{\text{平均总资产}}$$

43. A。负债与资本总额的比例衡量一个公司的负债占其总资本（负债 + 优先股 + 非控股股东权益 + 股东权益）的百分比。负债与资本总额的比例计算公式如下：

44. A。利息覆盖比率（interest coverage ratio）的分子可以使用 EBITDA（EBITDA - 资本性支出）或者 EBIT，都是代表现金流的财务指标。净利润不能用作利息覆盖比率的计算，因为它是已经扣除了利息费用和所得税的指标。

$$\text{利息覆盖比率} = \frac{\text{EBITDA,(EBITDA−资本性支出)或者EBIT}}{\text{利息费用}}$$

45. B。如下表所示，Aaa，Aa1 和 Aa2 的信用评级由穆迪评级发布。

	穆迪(Moody's)	标准普尔(S&P)	惠誉国际(Fitch)	定义
投资级别	Aaa	AAA	AAA	最高质量评级
	Aa1	AA+	AA+	较高质量评级
	Aa2	AA	AA	
	Aa3	AA−	AA−	
	A1	A+	A+	高质量评级
	A2	A	A	
	A3	A−	A−	
	Baa1	BBB+	BBB+	中等质量级别
	Baa2	BBB	BBB	
	Baa3	BBB−	BBB−	
非投资级别	Ba1	BB+	BB+	投机级别
	Ba2	BB	BB	
	Ba3	BB−	BB−	
	B1	B+	B+	高度投机级别
	B2	B	B	
	B3	B−	B−	
	Caa1	CCC+	CCC+	重大风险级别
	Caa2	CCC	CCC	
	Caa3	CCC−	CCC−	
	Ca	CC	CC	极度投机/违约级别
	C	C	C	
	−	D	D	

46. D。BBB−是投资级别（参考45题列表）。

47. A。与B+同级别的是B1（参考45题列表）。

48. D。LTM 2019/9/30 销售收入是用 22.5 亿美元（10−K 表中 2018 财年的销售收入），加上 16 亿美元（10−Q 表中 2019 年本年迄今的销售收入），减去 14.5 亿美元（10−Q 表中 2018 年上年同期）。

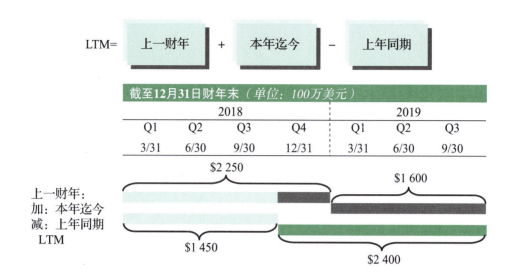

49. B。在这种情况下,最近一季度恰好是公司上一财年的第四个季度。因此,不需要另行计算LTM,上一财年的财务数据即为LTM期间财务数据。

50. C。为将2018/4/30销售收入转为日历年数据,需要将2018年4月30日销售收入乘以4/12,分子是财务年度截至的月份数。然后将2019/4/30的预估销售收入乘以8/12,分子是12减去财务年度截至的月份数。将上述两项求和即为财务年止日为2018/12/31的销售收入。

注:月份数是指公司财年截至的月份数(财年截至日为4月30日的月份数位4)。FYA(fiscal year actual):财年实际值,NFY(next fiscal year)=下一财年。

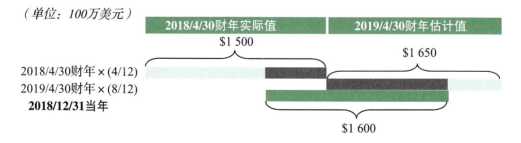

51. B。计算如下：

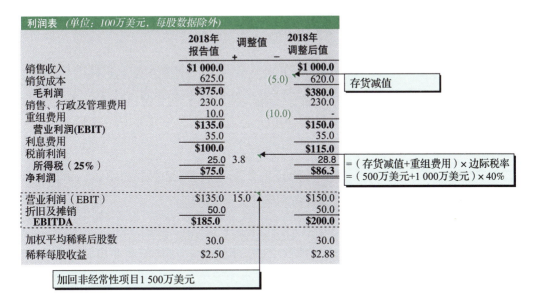

52. A。市盈率 P/E 计算为股权价值/净利润。

53. C。企业价值乘数，分母为流向股东及债权人的权益，如销售收入、EBITDA 和 EBIT。因此，企业价值/净利润不正确，因为净利润扣除了利息费用，仅能代表股东的权益。

54. A。股权价值与 EBITDA 的比值是错误的，因为其分子——股权价值仅能代表归属股东的权益，如净利润或每股收益。而 EBITDA 包括股东和债权人双方的权益。

55. B。资产负债表反映累计的非控股股东权益金额。

56. B。企业价值与 EBITDA 比值和市盈率（P/E）是估值乘数中应用最为广泛的两个指标。

57. 相似公司在某些估值指标上具有高度相关性,因为其有着近似的关键业务特征、财务特征、业绩驱动因素和风险。

58. 其中一个公司可能会有较高的利润率、较高的预期增长率或较低的杠杆率;同时其他公司可能管理层更迭更频繁、盈利低于预期或者流失一个主要的分销商。

59. 中等到较低程度的杠杆水平。这样的公司有着较低的财务风险,同时有着较高的增长潜力,无论通过自身发展还是并购机会。

60. 某些确定的子分类更适宜于进行估值范围的框定(基于商业模式、规模和地理位置)。这就要求有足够多的可比公司来满足更细致的分组需要。

61. 如下表所示:

10-K	年报
10-Q	季报
8-K	当前报告
DEF14A	股东委托书决议

62. 如下表所示:

企业价值/储量	金属及采矿业
企业价值/息税折旧摊销租赁前利润(EBITDAR)	零售业
企业价值/订阅户	媒体业
价格/账面值	金融机构

63. 利用可比公司的优点:
    - **基于市场**:用于计算目标估值的信息是以实际公开市场数据为基础的,因而反映了市场的增长预期和风险预期以及总体市场状态;
    - **相关性**:易于与其他公司进行衡量和比较;

- **快捷方便**：依据少数几个易于计算的输入项就可确定估值；
- **实时性**：估值依据的是普遍认可的市场数据，可以每日（或者日间）更新。

64. 进行可比公司分析时需要注意的方面：
    - **基于市场**：完全基于市场的估值有可能在非理性的牛市或熊市阶段出现扭曲。
    - **缺乏相关可比公司**："单一业务"型可比公司有可能很难找到，甚至根本不存在，尤其是如果目标公司是在利基市场（niche market）运营的话，那么此时可比公司分析所隐含的估值可能就没有那么大的意义。
    - **与现金流的潜在背离性**：基于现行市场条件或预期估值与根据公司预测现金流所计算的估值（例如DCF分析）有可能出现严重的背离。
    - **公司的具体情况**：目标的估值是基于其他公司的估值，从而有可能不能体现出目标的优势、劣势、机遇和风险。

第二章

先例交易分析

1. 利用 Rosenbaum Industries 公司的信息，完成关于全面稀释已发行普通股的问题。

一般信息	
目标公司	**Rosenbaum Industries**
股票代码	JNR
财年结束日	12/31
边际税率	25.0%
并购方	**Pearl Corp.**
股票代码	PRL
财年结束日	12/31
公布日期	2019/11/4
生效日期	待定
交易类型	上市公司/上市公司
支付对价	现金

假设 *(股份数单位：100万股)*	
每股要约价格	$20.00
已发行普通股数	123.00

期权/认股权证		
批次	股份数	行权价格
批次 1	1.500	$5.00
批次 2	1.250	$10.00
批次 3	1.000	$15.00

a. 计算 Rosenbaum Industries 公司的价内期权/认股权证数量

b. 计算价内期权/认股权证行权的总收益

c. 计算期权/认股权证新增普通股数量

d. 计算全面稀释已发行普通股数量

2. 利用上一题的答案和信息，以及下列假设信息，计算 Rosenbaum Industries 公司的股权价值和企业价值。

假设（单位：100 万美元）	
总负债	$1 375.0
现金及现金等价物	50.0

a. 计算股权价值

b. 计算企业价值

3. 利用给定的 Rosenbaum Industries 公司的信息，完成关于非经常性项目的问题。

非经常性项目
2018 年第 4 季度 2 500 万美元税前支出用于诉讼和解

已披露利润表（单位：100 万美元，除每股数据外）	财年截至 2018/12/31	上年同期 2018/9/30	本年迄今 2019/9/30	LTM 2019/9/30
销售收入	$2 250.0	$1 687.5	$1 822.5	$2 385.0
销货成本	1 525.0	1 143.8	1 235.3	1 616.5
毛利润	$725.0	$543.8	$587.3	$768.5
销售、管理及行政费用 其他收入/支出	450.0	337.5	364.5	477.0
EBIT	$275.0	$206.3	$222.8	$291.5

第二章 先例交易分析

(续)

已披露利润表(单位：100万美元，除每股数据外)	财年截至 2018/12/31	上年同期 2018/9/30	本年迄今 2019/9/30	LTM 2019/9/30
利息费用	100.0	75.0	75.0	100.0
税前利润	**$175.0**	**$131.3**	**$147.8**	**$191.5**
所得税	43.8	32.8	36.9	47.9
非控股股东损益	–	–	–	–
优先股股息	–	–	–	–
净利润	**$131.3**	**$98.4**	**$110.8**	**$143.6**
有效税率	25.0%	25.0%	25.0%	25.0%
加权平均稀释股数	125.0	125.0	125.0	125.0
稀释每股收益	$1.05	$0.79	$0.89	$1.15

现金流量表数据	财年年度截至 2018/12/31	上年同期 2018/9/30	本年迄今 2019/9/30	LTM 2019/9/30
折旧及摊销	100.0	75.0	82.0	107.0
占销售收入%	4.4%	4.4%	4.5%	4.5%
资本性支出	105.0	75.0	85.0	115.0
占销售收入%	4.7%	4.4%	4.7%	4.8%

a. 计算 Rosenbaum Industries 公司经调整后的毛利润，假设 2 500 万美元的诉讼和解支出不计入销货成本（COGS）

b. 计算经调整后的 LTM EBIT，假设 2 500 万美元的诉讼和解支出已包括在报告中的 EBIT

c. 计算经调整后的 LTM EBITDA

d. 计算经调整后的 LTM 净利润

4. 利用经调整后的财务指标，以及上题的答案和信息，计算 Rosenbaum Industries 公司的交易乘数。

LTM 交易乘数(单位：100 万美元，除每股数据外)	
EV/销售收入	A)
数值	
EV/EBITDA	B)
数值	
EV/EBIT	C)
数值	
P/E	D)
数值	

a. 计算 Rosenbaum Industries 公司的企业价值与销售收入的比值

b. 计算企业价值与 EBITDA 的比值

c. 计算企业价值与 EBIT 的比值

d. 计算市盈率（P/E）

5. 利用上题的答案和信息，以及下列假设信息，完成关于 Rosenbaum Industries 公司支付溢价的问题。

股价	
交易公布 1 日前	$17.39
未受影响的 1 日前股价	14.81
未受影响的 7 日前股价	15.04
未受影响的 30 日前股价	14.60

a. 基于交易公布 1 日前股价，计算 Rosenbaum Industries 公司支付溢价

b. 基于未受影响的 1 日前股价，计算 Rosenbaum Industries 公司支付溢价

c. 基于未受影响的 7 日前股价，计算 Rosenbaum Industries 公司支付溢价

d. 基于未受影响的 30 日前股价，计算 Rosenbaum Industries 公司支付溢价

第二章　先例交易分析

6. 利用上题的信息和答案以及下列信息，计算先例交易的股权价值和企业价值。

财务数据（单位：100 万美元，除每股数据外，股数以 100 万计）

目标公司	要约价格	全面稀释已发行普通股数	总负债	总现金
Schneider & Co.	37.25	135.5	1 250.0	125.0
Ackerman Industries	95.00	93.1	1 250.0	100.0

收购方	目标方	股权价值	企业价值
Pearl Corp.	Rosenbaum Industries		
Goodson Corp.	Schneider & Co.	A)	$ 6 173.8
Domanski Capital	Ackerman Industries	$ 8 845.0	B)

a. 计算 Schneider & Co. 的股权价值

b. 计算 Ackerman Industries 的企业价值

7. 利用上题信息和答案及下列假设信息，计算先例交易的交易乘数。

LTM 财务数据（单位：100 万美元）

目标方	销售收入	EBITDA	EBIT
Schneider & Co.	$ 4 359.0	$ 714.4	$ 598.4
Ackerman Industries	5 940.6	1 181.3	914.0
Whalen Inc.	700.0	150.0	110.0

收购方	目标方	企业价值/ LTM 销售收入	企业价值/ LTM EBITDA	企业价值/ LTM EBIT
Pearl Corp.	Rosenbaum Industries			
Goodson Corp	Schneider & Co.	A)	8.6×	11.3×
Domanski Capital	Ackerman Industries	1.7×	B)	10.9×
The Hochberg Group	Whalen Inc.	1.9×	9.0×	C)
平均数		1.7×	D)	11.6×
中位数		1.6×	8.8×	E)
最大值		1.9×	F)	12.3×
最小值		1.4×	8.5×	G)

a. 计算 Schneider & Co. 公司的企业价值与销售收入的比值

b. 计算 Ackerman Industries 公司的企业价值与 EBITDA 的比值

c. 计算 Whalen Inc. 公司的企业价值与 EBIT 的比值

d. 计算企业价值/EBITDA 乘数的平均数

e. 计算企业价值/EBIT 乘数的中位数

f. 企业价值/EBITDA 乘数的最大值是多少

g. 企业价值/EBIT 乘数的最小值是多少

8. 以下哪一个不是建立先例交易最初可比清单的传统来源？

   A. M&A 数据库
   B. 目标方 M&A 历史
   C. 信用报告
   D. 有关目标方所在行业最近交易的公允意见

9. 为更加了解 M&A 交易内容，以下哪些是银行家经常提出的问题？

   Ⅰ. 并购方是一个战略投资者还是财务投资者？
   Ⅱ. 收购是善意的还是恶意的？
   Ⅲ. 目标方的出售是通过竞价出售还是协议出售？
   Ⅳ. 买卖双方进行交易的动机是什么？

   A. Ⅰ 和 Ⅳ
   B. Ⅱ 和 Ⅲ
   C. Ⅲ 和 Ⅳ
   D. Ⅰ, Ⅱ, Ⅲ 和 Ⅳ

10. 为什么战略投资者通常会比财务投资者出价更高？

Ⅰ．协同效应

Ⅱ．较低的资本成本

Ⅲ．较长的投资期限和投资范围

Ⅳ．较低的投资回报门槛

A．Ⅱ和Ⅲ

B．Ⅲ和Ⅳ

C．Ⅰ，Ⅲ和Ⅳ

D．Ⅰ，Ⅱ，Ⅲ和Ⅳ

11. 在先例交易中，最广泛使用的乘数有哪些？

Ⅰ．企业价值/净利润

Ⅱ．企业价值/LTM EBITDA

Ⅲ．要约价格/LTM 稀释 EPS

Ⅳ．要约价格/LTM EBITDA

A．Ⅱ和Ⅲ

B．Ⅲ和Ⅳ

C．Ⅰ，Ⅱ和Ⅲ

D．Ⅰ，Ⅱ，Ⅲ和Ⅳ

12. 除了较高的收购价格，出售方还会考虑哪些因素？

Ⅰ．交易执行速度

Ⅱ．管理层路演的日期

Ⅲ．完成交易的确定性

Ⅳ．监管层批准的需求

A．Ⅱ和Ⅲ

B．Ⅱ和Ⅳ

C．Ⅰ，Ⅱ和Ⅳ

D．Ⅰ，Ⅲ和Ⅳ

13. 以下哪一项不包含在兼并委托书中？

    A. 交易条款

    B. 基于公允意见的财务分析描述

    C. 最终购买/出售协议

    D. 目标方客户名单

14. 在SEC/EDGAR中哪一个是与企业合并相联系的股东委托书代码？

    A. Schedule TO

    B. 14D－9

    C. DEFM14A

    D. 13E－3

15. 当收购方成员包括目标公司的子公司时，需要向SEC提交备案哪一个文件？

    A. PREM14A

    B. 14D－9

    C. DEFM14A

    D. 13E－3

16. 并购目标方有_____天去回应收购要约并提交_____文件。

    A. 10；10－Q

    B. 10；表格 14D－9

    C. 15；10－Q

    D. 15；表格 TO

17. 在交易宣布之后，私人收购方需要在多少天之内提交8－K？

    A. 4天

    B. 10天

    C. 12天

    D. 不要求

18. 以下哪几项是在 M&A 交易中可选择的支付对价形式？

    Ⅰ. 现金

    Ⅱ. 协同效应

    Ⅲ. 税收

    Ⅳ. 股票

    A. Ⅰ 和 Ⅲ

    B. Ⅰ 和 Ⅳ

    C. Ⅱ 和 Ⅳ

    D. Ⅰ，Ⅱ，Ⅲ 和 Ⅳ

19. 与 M&A 相关的"稀缺价值"是什么？

    A. 对于战略投资买家而言，可收购的目标方非常有限

    B. 目标方缺乏增长的足够资源

    C. 目标方有较低的乘数

    D. 目标方有较低的收入

20. 以下哪一个互换比例在以股换股交易中最为常见？

    A. 线性

    B. 浮动

    C. 固定

    D. 非浮动

21. 以下哪些是协同效应的例子？

    Ⅰ. 关闭重复的设施

    Ⅱ. 减少总人数以削减成本

    Ⅲ. 雇用一个新的品牌营销团队

    Ⅳ. 由于重叠客户而失去部分销售收入

    A. Ⅰ 和 Ⅱ

    B. Ⅰ 和 Ⅲ

C. Ⅲ 和 Ⅳ

D. Ⅰ，Ⅱ，Ⅲ 和 Ⅳ

22. 当选择先例交易时应考虑以下哪些因素？

　　Ⅰ．CEO 薪酬

　　Ⅱ．财务特征（例如增长率和利润率）

　　Ⅲ．时机

　　Ⅳ．公司规模

A. Ⅱ 和 Ⅳ

B. Ⅰ，Ⅱ 和 Ⅳ

C. Ⅱ，Ⅲ 和 Ⅳ

D. Ⅰ，Ⅱ，Ⅲ 和 Ⅳ

23. 如果收购方同意以其目标方每 2 股股票置换其 0.5 股股份，换股比例是多少？

A. 0.25

B. 0.45

C. 2.0

D. 4.0

24. 利用下列信息计算目标方的隐含股权价值。

假设（单位：100万股）	
收购方股票价格	$20.00
目标方全面稀释已发行普通股数	200.0
换股比例	0.25

A. 10 亿美元

B. 12 亿美元

C. 12.5 亿美元

D. 12.75 亿美元

25. 假设一个固定换股比例，在图中画出并标出以下两条线：
    - 收到股份数
    - 对目标方的价值

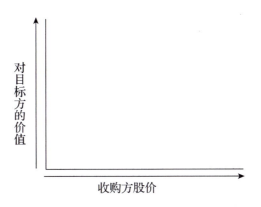

26. 假设一个浮动换股比例，在图中画出并标出以下两条线：
    - 收到股份数
    - 对目标方的价值

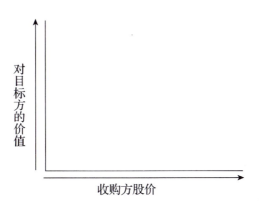

27. 假设对收购者没有结构化保护，以下哪一种结构由收购方承担了股价下降的全部风险？

    A. 固定比例

    B. 浮动比例

    C. 两者均是

    D. 两者均不是

28. 在什么情况下最常使用浮动换股比例？

    A. 收购方规模显著大于目标方

    B. 目标方规模显著大于收购方

    C. 目标方是上市公司

    D. 收购方是上市公司

利用下列信息，回答 29~30 题。

假设 (单位：100 万美元，除每股数据外；股数以 100 万计)	
未影响的股价	$25.00
支付溢价	30.0%
全面稀释已发行普通股数	150.0
总负债	$1 500.0
优先股	125.0
非控股股东权益	100.0
现金	150.0

29. 计算目标方的要约收购价格。

    A. 37.5 亿美元

    B. 45 亿美元

    C. 48.75 亿美元

    D. 50 亿美元

30. 计算目标方企业价值。

    A. 48.75 亿美元

    B. 58.75 亿美元

    C. 63.75 亿美元

    D. 64.5 亿美元

31. 假设目标方未受影响的股价是 50.00 美元/股，要约收购报价为每股 67.50 美元，计算隐含的支付溢价。

    A. 20%

    B. 25%

C. 30%

D. 35%

32. 利用下列数据，计算存在协同效应和不存在协同效应下企业价值与 EBITDA 的比值。

假设信息 (单位：100 万美元)	
企业价值	$1 200.0
LTM 销售收入	700.0
LTM EBITDA	150.0
协同效应	25.0

A. 8.0×和 6.9×

B. 8.0×和 9.6×

C. 11.7×和 10.0×

D. 11.7×和 12.3×

33. 当使用先例交易方法时，为什么"时滞"是一个潜在的缺点？

A. 如果并购目标公司在一笔并购交易中的财年截止日为 4 月 30 日，则很难将其归入群组中

B. 依据定义，先例交易是指发生在过去的交易，这就有可能已经不能反映当前的市场行情信息

C. 获得先例交易有关信息需要较长的时间

D. 某些先例交易相较其他的交易会在较短的时间内完成

34. 协同效应主要有哪几种类型？

Ⅰ. 收入

Ⅱ. 交易

Ⅲ. 成本

Ⅳ. 时间

A. Ⅰ和Ⅱ

B. Ⅰ和Ⅲ

C. Ⅲ和Ⅳ

D. Ⅰ，Ⅱ和Ⅲ

35. 以下哪一项不是先例交易的潜在缺点？

   A. 时滞

   B. 可比并购交易的匮乏

   C. 获得先例交易有关信息

   D. 相关性

36. 在寻找可比先例交易的信息时，以下哪些是有帮助的策略？

   Ⅰ. 搜索 M&A 数据库

   Ⅱ. 检查目标的历史 M&A 信息

   Ⅲ. 搜索可比公司的并购委托书

   Ⅳ. 研究目标公司的可比公司历史 M&A 信息

   A. Ⅰ 和 Ⅱ

   B. Ⅰ, Ⅱ 和 Ⅳ

   C. Ⅱ, Ⅲ 和 Ⅳ

   D. Ⅰ, Ⅱ, Ⅲ 和 Ⅳ

利用下列信息，回答 37~42 题。

假设（单位：100 万美元，除每股数据外；股数以 100 万计）	
每股要约收购价格	$15.00
收购方股价	$30.00
目标方未受影响股价	$12.50
目标方已发行普通股	250.0
已发行期权	10.0
期权行权价格	$10.00
目标 LTM 销售收入	$4 500.0
目标 LTM EBITDA	650.0
目标净负债	1 000.0

37. 假设为换股交易，则交换比例为多少？

   A. 0.5

   B. 0.75

   C. 1.1

   D. 2.0

38. 给目标公司的支付溢价是多少？
    A. 15.0%
    B. 17.0%
    C. 20.0%
    D. 25.0%

39. 依据库存股份法，计算目标方的全面稀释已发行普通股股数是多少？
    A. 2.533 亿
    B. 3.5 亿
    C. 4.167 亿
    D. 4.203 亿

40. 计算目标公司的要约价值及企业价值。
    A. 38 亿美元和 48 亿美元
    B. 42.5 亿美元和 52.5 亿美元
    C. 47.5 亿美元和 51.5 亿美元
    D. 52.5 亿美元和 62.5 亿美元

41. 计算目标公司的 LTM 企业价值与 EBITDA 的比值。
    A. 9.0×
    B. 8.4×
    C. 6.4×
    D. 7.4×

42. 计算目标公司的 LTM 企业价值与销售收入的比值。
    A. 1.1×
    B. 1.3×
    C. 1.5×
    D. 2.0×

43. 先例交易分析的前提是什么？

44. 当筛选可比先例交易时，有哪些主要的关注点？

45. 传统上，战略投资者和财务投资者哪一方会支付较高的收购价？为什么？

46. 举例说明买卖双方的交易动机在确定收购价格时所起到的重要作用。

47. 恶意收购如何影响交易乘数？

48. 支付溢价分析是基于哪一种股票价格进行的？

49. 在什么情况下，早于交易公布日的某日也不能作为建立"未受影响"股价的合理基准？

50. 哪一种兼并收购情形下的协同效应最为明显，为什么？

51. 为什么上市公司进行收购时通常会宣布预期的协同效应？

52. 在先例交易分析中支付溢价是什么，这种分析方法基于哪种股票价格？

53. 为什么在先例交易分析中交易乘数的计算基于 LTM 财务指标？

54. 在针对收购目标进行综合评估时，使用先例交易分析法得出的估值结果是位于估值框架的高位、低位还是中间值？

55. 为什么先例交易分析法相对于可比公司分析法更倾向于提供一个较高的乘数范围？

56. 在什么情况下，使用可比公司分析法得出的估值范围要高于使用先例交易分析法得出的估值范围？

57. 先例交易分析法的优点有哪些？

58. 采用先例交易分析法时需要考虑哪些因素？

第二章 答案及解析

1. 计算全面稀释已发行普通股数。

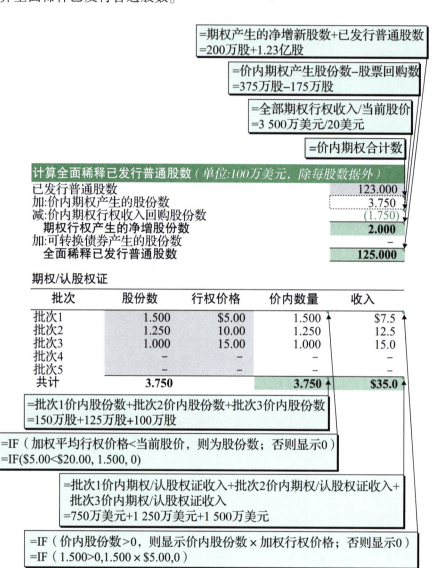

a. 375 万股。Rosenbaum Industries 公司的价内期权/认股权证总数等于行权价格低于当前股价的批次的价内股份数之和。(150 万股 + 125 万股 + 100 万股)

b. 3 500 万美元。价内期权/认股权证收入的总和等于行权价格低于当前 20

美元股价批次的期权行权收入之和。(750 万美元 + 1 250 万美元 + 1 500 万美元)

c. 200 万股。在 TSM 方法下，假设 3 500 万美元全部用于回购当前股价为 20 美元的股票。因此，回购股份数为 175 万（3 500 万美元/20 美元）。为计算新增普通股数，回购的股份数要从价内期权/认股权证总数中减除。(375 万股 – 175 万股)

d. 12 500 万股。全面稀释已发行普通股数等于新增普通股数加上原有已发行普通股。(12 300 万股 + 200 万股)

2. 计算股权价值和企业价值。

a. 25 亿美元。股权价值的计算是将全面稀释已发行普通股数乘以每股要约价格。(1.25 亿股 × 20.00 美元)

b. 38.25 亿美元。企业价值的计算是将股权价值加总负债减现金及现金等价物。(25 亿美元 + 13.75 亿美元 – 0.5 亿美元)

3. 调整一次性及非经常性项目。

经调整的利润表（单位：100万美元，除每股数据外）	财年截止日 2018/12/31	上年同期 2018/9/30	本年迄今 2019/9/30	LTM 2019/9/30
已披露毛利润	**$725.0**	**$543.8**	**$587.3**	**$768.5**
销售、管理及行政费用中的非经常性项目	–	–	–	–
经调整后的毛利润	**$725.0**	**$543.8**	**$587.3**	**$768.5**
毛利率%	*32.2%*	*32.2%*	*32.2%*	*32.2%*
报告EBIT	$275.0	$206.3	$222.8	$291.5
销售、管理及行政费用中的非经常性项目	–	–	–	–
其他非经常性项目	25.0	–	–	25.0
经调整后的EBIT	**$300.0**	**$206.3**	**$222.8**	**$316.5**
EBIT收益率%	*13.3%*	*12.2%*	*12.2%*	*13.3%*
折旧及摊销	100.0	75.0	82.0	107.0
经调整后的EBITDA	**$400.0**	**$281.3**	**$304.8**	**$423.5**
EBITDA收益率%	*17.8%*	*16.7%*	*16.7%*	*17.8%*
报告净利润	$131.3	$98.4	$110.8	$143.6
销售、管理及行政费用中的非经常性项目	–	–	–	–
其他非经常性项目	25.0	–	–	25.0
营业外非经常性项目	–	–	–	–
税收调整	(6.3)	–	–	(6.3)
调整后的净利润	**$150.0**	**$98.4**	**$110.8**	**$162.4**
调整后的净利率%	*6.7%*	*5.8%*	*6.1%*	*6.8%*
调整后的稀释每股收益	$1.20	$0.79	$0.89	$1.30

诉讼和解

$EBIT_{2018年} + EBIT_{2019年迄今} - EBIT_{2018年同期}$
= 3亿美元 + 2.063亿美元 − 2.228亿美元

毛利润$_{2018年}$ + 毛利润$_{2019年迄今}$ − 毛利润$_{2018年同期}$
= 7.25亿美元 + 5.438亿美元 − 5.873亿美元

负的诉讼费用的税前收益调整额×边际税率
= −(25百万美元×25.0%)

净利润$_{2018}$ + 净利润$_{2019迄今}$ − 净利润$_{2018年同期}$
= 1.5亿美元 + 1.108亿美元 − 0.984亿美元

经调整的LTM EBIT + LTM 折旧和摊销
= 3.165亿美元 + 1.07亿美元

a. 7.685亿美元。LTM 毛利润的计算是将前一财年的毛利润加上本年迄今（current stub）的毛利润，减去年同期（prior stub）的毛利润。（7.25亿美元 + 5.438亿美元 − 5.873亿美元）。

b. 3.165亿美元。为计算经调整后的 LTM EBIT，首先将 2 500 万美元诉讼费用加回 2018 财年。然后 LTM 计算方式如同 3（a）。（3亿美元 + 2.063亿美元 − 2.228亿美元）

c. 4.235 亿美元。为计算经调整后的 LTM EBITDA，将 LTM 折旧和摊销加至 LTM EBIT。(3.165 亿美元 +1.07 亿美元)

d. 1.624 亿美元。为计算经调整后的 LTM 净利润，首先将一次性诉讼费用加回净利润，然后将全部加回金额乘以边际税率进行税收调整，LTM 财务指标的计算方式如同 3（a）。(1.5 亿美元 +1.108 亿美元 −0.984 亿美元)

4. 交易乘数

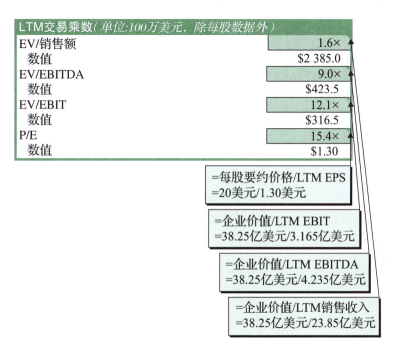

a. 1.6×。企业价值与销售收入的比值等于企业价值除以 LTM 销售收入。(38.25 亿美元/23.85 亿美元)

b. 9×。企业价值与 EBITDA 的比值等于企业价值除以 LTM EBITDA。(38.25 亿美元/4.235 亿美元)

c. 12.1×。企业价值与 EBIT 的比值等于企业价值除以 LTM EBIT。(38.25 亿美元/3.165 亿美元)

d. 15.4×。市盈率（P/E）等于每股要约价格除以 LTM 每股收益（EPS）。(20 美元/1.30 美元)

5. 支付溢价。

支付溢价		
交易宣布		溢价
1日前	$17.39	15.0%
未受影响的股价		
1日前	$14.81	35.0%
7日前	15.04	33.0%
30日前	14.60	37.0%

=每股要约价格/1日前未受影响股价－1
=$20.00/$14.60－1

=每股要约价格/7日前未受影响股价－1
=$20.00/$15.04－1

=每股要约价格/30日前未受影响股价－1
=$20.00/$14.81－1

=每股要约价格/交易宣布1日前股价－1
=$20.00/$17.39－1

a. 15.0%。在交易宣布1日前的支付溢价的计算是用要约价格除以交易公布前一日股价。（$20.00/$17.39－1）

b. 35.0%。（$20.00/$14.81－1）

c. 33.0%。（$20.00/$15.04－1）

d. 37.0%。（$20.00/$14.60－1）

6. 计算先例交易的股权价值和企业价值。

股权价值和企业价值（单位：100万美元）			
收购方	目标方	股权价值	企业价值
Pearl Corp.	Rosenbaum Industries	$2 500.0	$3 825.0
Goodson Corp.	Schneider & Co.	5 048.8	6 173.8
Domanski Capital	Ackerman Industries	8 845.0	9 995.0

=每股要约价格×全面稀释已发行普通股数
=37.25美元×1.355亿股

=股权价值+总负债－现金
=88.45亿美元+12.5亿美元－1亿美元

a. 50.488亿美元。股权价值的计算是每股要约价格乘以全面稀释已发行普通股数。（37.25美元×1.355亿股）

b. 99.95 亿美元。企业价值等于股权价值加总负债减现金及现金等价物。（88.45 亿美元 + 12.5 亿美元 – 1 亿美元）

7. 先例交易乘数。

a. 1.4×。企业价值除以销售收入。（61.74 亿美元/43.59 亿美元）

b. 8.5×。（99.95 亿美元/11.813 亿美元）

c. 12.3×。（13.5 亿美元/1.1 亿美元）

d. 8.8×。将先例可比交易的公司企业价值/EBITDA 乘数取平均数。

e. 11.7×。因为有 4 项先例可比交易，因此企业价值/EBIT 的中位数就是中间两数的平均数。

f. 9×。先例可比交易的企业价值/EBITDA 乘数的最大值。

g. 10.9×。先例可比交易的企业价值/EBIT 乘数的最小值。

8. C。除了信用报告，所有其他选项都是创建先例交易的初始可比公司清单来源。其他资源包括股票和固定收益研究报告和 SEC 备案的并购委托书。

9. D。所有的问题都有助于更好地了解并购交易。

10. D。在正常市场条件下，所有选项都是战略投资者会比财务投资者支付较高价格的原因。

11. A。企业价值/LTM EBITDA 和要约价格/LTM 稀释 EPS 是先例交易分析中使用最广泛、最普遍的乘数。

12. D。对于卖方来说，执行的速度、完成的确定性、监管层批准以及其他结构性考虑有时和购买价格一样重要。

13. D。股东签署的委托书包含了背景信息、交易条款的概括，还描述了以财务顾问公允意见为基础的财务分析，最终股权收购协议的复印件以及预估的财务数据摘要（如适用，取决于对价形式）。目标公司的客户清单不包含在这份委托书里。

14. C。DEFM14A 是并购交易涉及的最终决议委托书。委托书包括目标公司最近的基本普通股计算、详细的并购背景、支付溢价讨论和公允观点摘录等内容。

15. D。上市公司并购时如果其关联方是收购方的成员（例如公司高管或重要股东），SEC 会要求在决策过程中通过 13E–3 条例进行更加广泛的信息披露。

16. B。在一个并购要约中，收购方会给目标公司的股东邮寄收购要约，并在 SEC 递交 TO 表格。目标公司必须在宣布之日起的 10 个工作日内递交表格

14D-9，其中包含了目标公司董事会关于要约收购向股东们提出的回应建议。

17. D。因为私有公司不受制于 SEC 的披露要求，因此不需要递交 8-K 表格。对于收购方是上市公司的情形，如果所收购的资产、净利润或是目标公司价值达到或超过收购方 10% 的比例，那么需要披露 8-K 表格。

18. B。支付对价指收购方向目标方股东支付的现金、股票或是其他有价证券。在有些情况下，这种形式能够影响目标股东们对要约隐含价值的接受程度。例如，一些股东更喜欢现金而不是股票作为支付形式，因为现金是最有保障的。

19. A。稀缺价值是指对于买方的战略计划而言至关重要的罕见的或是至关重要的资产。

20. C。固定换股比例是最普遍的。固定换股比例定义了多少股收购方股票兑换一股目标公司的股票数量。在浮动换股比例里，需要多少股收购方股票来兑换目标方一股的股票数量是波动的，可以确保目标公司的股东获得固定的价值。

21. A。协同效应指的是由于两家公司合并而带来预期成本降低、增长机会和其他的财务收益。在成本方面，传统的协同效应包括人工成本降低、重复设施的合并以及以更低价格采购核心生产要素的能力。

22. C。当选择先例可比交易的时候，财务特征、时机和公司的规模都应该被考虑到。其他考虑因素包括支付形式和市场情况。

23. A。固定换股比例是指收购方股票要兑换一股目标公司的股票数量。0.25 的固定兑换比例是 0.5 除以 2 得出的。

24. A。计算如下：

（单位：100万美元，除每股数据外；股数以100万计）

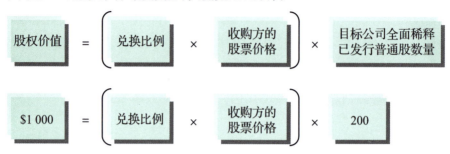

25. 在固定兑换比例结构中，每股要约价格随着收购方的股价变动而同向变动（对目标方的价值而言）。但是，出售方收到的收购方的股票数量是固定不变的。

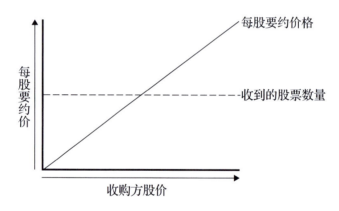

26. 在浮动兑换比例结构中，和固定兑换比例相反，对于目标出售方而言，每股要约价格是固定的，可兑换的股票数量随着收购方股价的变化而发生变化。

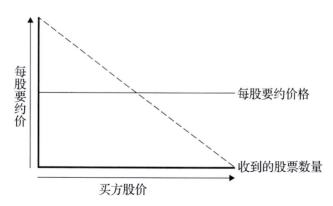

27. B。在浮动兑换比例结构中，每股要约价格固定，但是可兑换的股票数量是波动的。因此，在这种结构下，目标公司股东获得的价值固定，由收购方承担全部股价下行风险。

28. A。当收购方比目标公司大很多时，通常使用浮动兑换比例。这种情况的合理性在于即使目标公司业务出现大幅度的下滑，也不会对收购方的价值构成实质影响。反之，则不然。

29. C。计算如下：

（单位：100万美元，除每股数据外；股数以100万计）

股票价值 = （未受影响的股票价格 × 支付溢价）× 目标公司全面稀释已发行普通股数

$4 875 = $25.00 × (1+30%) × 150

30. D。计算如下：

（单位：100万美元，除每股数据外；股数以100万计）

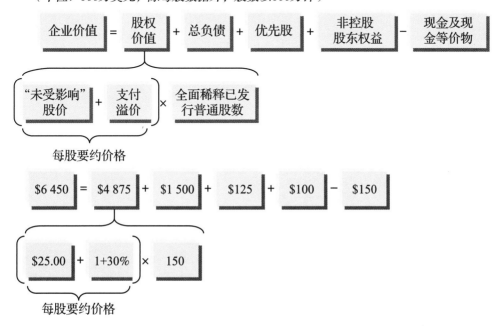

31. D。计算如下：

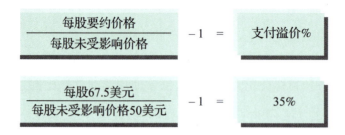

32. A。计算如下：

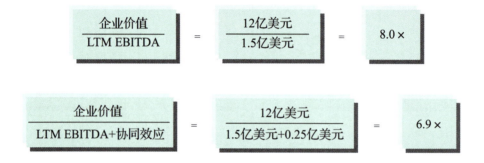

33. B。顾名思义，发生在过去的先例交易有可能并未反映当前的市场情况。（例如：21 世纪中期的并购狂潮与之后的信贷紧缩。）

34. B。协同效应是指两家公司合并所带来的预期成本节约、增长机会及其他财务效益。它们可以具体分为收入协同效应和成本协同效应。

35. D。相关性——交易乘数方法提供了明确的行业和时间阶段的参考点。

36. D。所有选项都有利于寻找先例可比交易。其他途径包括股票和固定收益债券研究报告。

37. A。换股比例等于每股要约价格除以收购方股价。（15 美元/30 美元 = 0.5）

38. C。支付溢价等于每股要约价格除以目标方未受影响的股价减 1。[（15 美元/12 美元）- 1 = 20%]

39. A。计算步骤如下：

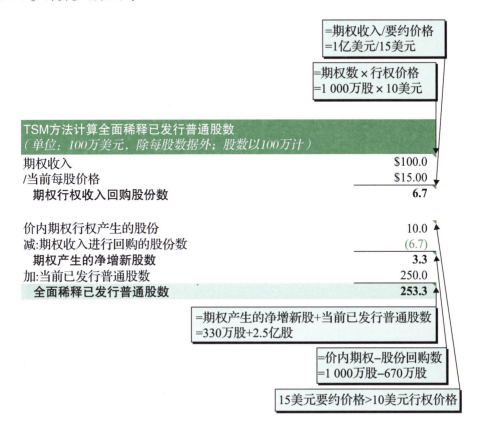

40. A。计算如下：

计算要约股权价值和企业价值	
（单位：100万美元，除每股数据外；股数以100万计）	
全面稀释已发行普通股数	253.3
×每股的要约价格	$15.00
要约股权价值	**$3 800.0**
加：净负债	1 000.0
企业价值	**$4 800.0**

41. D。企业价值/LTM EBITDA（48亿美元/6.5亿美元）

42. A。企业价值/LTM 销售收入（48亿美元/45亿美元）

43. 先例交易分析，如同可比公司分析，是针对一个给定的公司、部门、商业或者资产包使用以乘数为基础的方法计算得出隐含价值区间。它是以可比公司之前发生的并购交易乘数为前提的。

44. 不管先例交易公司是否和目标公司有类似的商业和财务特征，银行家必须核查市场状况和动态变化，以及潜在的交易结构。

45. 传统意义上来说，战略投资者一直能够比财务投资者支付更高的购买价格，因为他们有潜在的能力和目标公司实现协同效应，其他因素包括更低的资本成本、较低的投资回报门槛以及更长的投资期限。

46. 如果可以实现很大的协同效应或者这项资产对战略计划至关重要，战略投资者可能会为一项资产支付很高的价格。一个正在出售非核心业务并且急需现金的公司可能会优先考虑执行的速度、完成交易的可能性和其他结构性因素，这些因素很可能导致一个比纯粹的价值最大化策略更低的交易价值。在信用繁荣时期，通过竞争激烈的竞价出售过程，通常可以实现较高的出售价值。

47. 恶意收购会提高收购成本，因为收购方需要从股东那里直接以溢价购买股票。他们也可能要在敌意购买者和其他购买者之间展开一场竞价之战。

48. 它是以"未受影响的"股票价格为基础，主要是指在并购宣布前几个交易日的股票价格（例如1日，7日和30日前）。

49. 当公司宣布要实施替代战略计划的决定、对公众泄露信息或是在交易宣布之前出现谣言，则可能发生这种情形。

50. 当战略投资者收购同行业或相类似的目标公司时，协同效应是非常明显的。收购方和目标公司经常在人事/设备上有一些可以去除的重叠部分。

51. 为了通过投资者获得信用以便于潜在的价值创造。

52. 支付溢价指的是收购方提供的比目标公司的未受影响的股票价格更高的每股价值，以百分比的形式表现，它仅和收购上市公司相关。在计算一个给定日期的支付溢价时，使用目标公司的未受影响的股票价格非常重要，因为这样可以将要约收购的实际影响区分开来。

53. 收购方用来确定收购价格的完整预测并不是公开的，并且受制于保密协议。所以，银行家必须使用 LTM 财务数据作为计算的基础，因为 LTM 数据可以从公开渠道获得。

54. 在估值高端区间，通常是在可比公司分析和 LBO 分析估值范围之上。

55. 首先，战略投资者通常在收购另一家公司的时候支付一个"控制权溢价"（control premium）。这意味着收购方获得了公司控制权，也就可以控制目标公司业务和现金流的决策。其次，战略投资者经常有机会实现协同效应，这也是支持他们可支付更高价格的原因。

56. 如果这个行业正处于当前热点，或是在行业周期内有较高的增长预期，这种事情就会发生。

57. 使用先例交易分析的优点：
    - **基于市场**：分析的基础是支付给类似公司的实际收购乘数和溢价
    - **实时性**：最近交易往往能反映当前的并购形势、资本市场形势和总体经济形势
    - **相关性**：从乘数角度入手能提供跨越各个行业和时间段的直截了当的参考点
    - **简单性**：几个甄选的交易案例的关键性乘数可以锁定估值
    - **客观性**：以先例交易为基础，因而避免了针对某家公司的未来绩效做出假设

58. 使用先例交易分析方法的时候需要考虑的因素：

- **基于市场**：由于交易发生时资本市场和/或经济环境的缘故，乘数有可能是扭曲的
- **时间差**：先例交易顾名思义是发生在过去的交易，因而有可能未必真实反映现行市场状况（例如，21世纪00年代中期的LBO热与随后降临的信贷紧缩）
- **可比收购案例是否存在**：在有些情况下，有可能很难找到有力的先例交易系列
- **信息的可获得性**：信息有可能不足以确定众多可比收购案例的交易乘数
- **收购方的估值基础**：买方支付的乘数有可能依据的是对目标未来财务绩效的预期（该信息一般都不公开披露），而不是已报报表中的LTM财务信息

第三章

现金流折现分析

1. 使用下列假设信息条件，将 Value 公司的预测利润表补充完整。

假设	
销售收入	2020 年增长 7.5%，2021 年增长 6.0%，之后每年以 1% 的速率递减
销货成本	占销售收入的 60.0%，此占比在预测期内保持不变
销售、管理及行政费用	占销售收入的 19.0%，此占比在预测期内保持不变

单位：100 万美元　财年截至 12 月 31 日

	历史期			
	2016 年	2017 年	2018 年	2019 年
销售收入	$ 2 600.0	$ 2 900.0	$ 3 200.0	$ 3 450.0
增长率（%）	NA	11.5%	10.30%	7.80%
销货成本	1 612.0	1 769.0	1 920.0	2 070.0
毛利润	$ 988.0	$ 1 131.0	$ 1 280.0	$ 1 380.0
毛利率（%）	38.0%	39.0%	40.0%	40.0%
销售、管理及行政费用	496.6	551.0	608.0	655.0
EBITDA	$ 491.4	$ 580.0	$ 672.0	$ 725.0
息税、折旧及摊销前利润率（%）	18.9%	20.0%	21.0%	21.0%

	预测期				
	2020 年	2021 年	2022 年	2023 年	2024 年
销售收入	A)				
增长率（%）					
销货成本		B)			
毛利润			C)		
毛利率（%）					
销售、管理及行政费用				D)	
EBITDA					E)

（续）

a. 计算 Value 公司 2020 年销售收入

b. 计算 2021 年销货成本

c. 计算 2022 年毛利润

d. 计算 2023 年销售、管理及行政费用

e. 计算 2024 年息税、折旧及摊销前利润

2. 根据上题的计算结果和相关信息以及下列假设条件，将 Value 公司的预测利润表补充完整。

假设	
折旧与摊销	销售收入的6%，且在预测期内保持不变
税率	25.0%，且在预测期内保持不变

Value 公司（单位：100 万美元　财年截至 12 月 31 日）

	历史期			
	2016 年	2017 年	2018 年	2019 年
EBITDA	$491.4	$580.0	$672.0	$725.0
折旧与摊销	155.0	165.0	193.0	207.0
EBIT	$336.4	$415.0	$479.0	$518.0
息税前利润率（%）	12.9%	14.3%	15.0%	15.0%
税费	84.1	103.8	119.8	129.5
息前税后利润	$252.3	$311.3	$359.3	$388.5

（续）

	预测期				
	2020 年	2021 年	2022 年	2023 年	2024 年
EBITDA					
折旧与摊销	A)				
息税前利润		B)			
息税前利润率（%）					
税费			C)		
息前税后利润				D)	

a. 计算 Value 公司 2020 年折旧与摊销

b. 计算 2021 年息税前利润

c. 计算 2022 年税费

d. 计算 2023 年息前税后利润

3. 使用如下信息，计算 Value 公司 2018 年营运资本比率。

Value 公司
营运资本预测
单位：100 万美元　财年截至 12 月 31 日

	历史期			
	2016 年	2017 年	2018 年	2019 年
销售收入	$2 600.0	$2 900.0	$3 200.0	$3 450.0
销货成本	1 612.0	1 769.0	1 920.0	2 070.0
流动资产				
应收账款	317.0	365.5	417.4	450.0
存货	441.6	496.8	556.5	600.0
预付费用及其他	117.0	142.1	162.3	175.0
流动资产合计	**$875.6**	**$1 004.4**	**$1 136.2**	**$1 225.0**
流动负债				
应付账款	189.9	189.0	199.4	215.0
应计负债	221.0	237.8	255.1	275.0
其他流动负债	75.4	84.1	92.8	100.0
流动负债合计	**$486.3**	**$510.9**	**$547.2**	**$590.0**

				（续）
营运资本净值	$389.4	$493.5	$589.0	$635.0
营运资本净值占销售收入比例（%）	15.0%	17.0%	18.4%	18.4%
营运资本的（增加）/减少		($104.1)	($95.5)	($46.0)

假设				
流动资产				
应收账款周转天数	44.5	46.0	A)	
存货周转天数	100.0	102.5	B)	
预付费用及其他流动资产(占销售收入比例%)	4.5%	4.9%	C)	
流动负债				
应付账款周转天数	43.0	39.0	D)	
应计负债（占销售收入比例%）	8.5%	8.2%	E)	
其他流动负债（占销售收入比例%）	2.9%	2.9%	F)	

a. 计算 Value 公司 2018 年应收账款周转天数

b. 计算 2018 年存货周转天数

c. 计算 2018 年预付费用及其他流动资产占销售收入的比例

d. 计算 2018 年应付账款周转天数

e. 计算 2018 年应计负债占销售收入的比例

f. 计算 2018 年其他流动负债占销售收入的比例

4. 根据上题的计算结果和相关信息以及系列假设，完成营运资本预测。假设 2018、2019 年营运资本比率保持不变。

Value 公司 **营运资本预测** *（单位：100 万美元　财年截至 12 月 31 日）*	预测期				
	2020 年	2021 年	2022 年	2023 年	2024 年
销售收入					
销货成本					
流动资产					
应收账款	A)				
存货		B)			
预付费用及其他			C)		
流动资产合计				D)	
流动负债					
应付账款	E)				
应计负债		F)			
其他流动负债			G)		
流动负债合计				H)	
营运资本净值					I)
营运资本的 （增加）/减少					J)

a. 计算 Value 公司 2020 年应收账款

b. 计算 2021 年存货

c. 计算 2022 年预付费用及其他流动资产

d. 计算 2023 年流动资产总额

e. 计算 2020 年应付账款

f. 计算 2021 年应计负债

g. 计算 2022 年其他流动负债

89

h. 计算 2023 年全部流动负债

i. 计算 2024 年营运资本净值

j. 计算 2024 年营运资本的（增加）或减少

5. 根据上题的计算结果和相关信息以及下列假设，完成对 Value 公司自由现金流的预测。

假设	
资本性支出	占销售收入的 4.5%，且在预测期内保持不变

Value 公司
（单位：100 万美元　财年截至 12 月 31 日）

	历史期			
	2016 年	2017 年	2018 年	2019 年
息前税后利润	$ 252.3	$ 311.3	$ 359.3	$ 388.5
加：折旧与摊销	155.0	165.0	193.0	207.0
减：资本性支出	(114.4)	(116.0)	(144.0)	(155.3)
减：营运资本的增加/（减少）				
无杠杆自由现金流				

	预测期				
	2020 年	2021 年	2022 年	2023 年	2024 年
息前税后利润					
加：折旧与摊销					
减：资本性支出	A)				
减：营运资本的增加/（减少）					
无杠杆自由现金流		B)			

a. 计算 Value 公司 2020 年资本性支出

b. 计算 2021 年自由现金流

6. 根据下列关于 Value 公司的假设信息，回答关于加权平均资本成本的问题。

假设	
债务与资本总额之比	30.0%
债务成本	6.5%
税率	25.0%
无风险利率	2.5%
市场风险溢价	7.0%
规模溢价	1.1%

a. 计算 Value 公司股权与资本总额的比值

b. 计算债务与股权的比值

c. 计算税后债务成本

可比公司无杠杆贝塔（单位：100 万美元）

公司名称	有杠杆贝塔预测	债务市值	股权市值	债务/股权	边际税率	无杠杆贝塔
Buyer 公司	1.35	$2 200.0	$9 800.0	D)	25.0%	
Sherman 公司	1.46	3 150.0	5 600.0		25.0%	E)
Gasparro 公司	1.30	1 850.0	5 000.0		25.0%	
Goodson 公司	1.53	2 250.0	4 160.0		25.0%	
S. Momper 公司	1.50	1 000.0	2 240.0		25.0%	
平均数	1.43			F)		G)
中位数	1.46			44.6%		1.09

d. 计算 Buyer 公司的债务与股权比值

e. 计算 Sherman 公司的无杠杆贝塔值

f. 计算可比公司的债务与股权比值的平均数

g. 计算可比公司的无杠杆贝塔的平均数

h. 使用可比公司的无杠杆贝塔平均数，确定 Value 公司的有杠杆贝塔

Value 公司的有杠杆贝塔				
	无杠杆贝塔平均数	目标债务/股权	目标边际税率	有杠杆贝塔
有杠杆贝塔				

i. 计算 Value 公司的股权成本

股权成本	
无风险利率	
市场风险溢价	
有杠杆贝塔	
规模溢价	
股权成本	

j. 计算 Value 公司的加权平均资本成本

加权平均资本成本计算	
目标资本结构	
债务/资本总额	
股权/资本总额	
债务成本	
债务成本	
税率	
债务税后成本	
股权成本	
无风险利率	
市场风险溢价	
有杠杆贝塔	
规模溢价	
股权成本	
加权平均资本成本	

7. 根据上题计算结果和相关信息以及下列假设,回答关于 Value 公司终值的问题。

   a. 假设退出乘数为 7.5×,使用退出乘数法计算 Value 公司的终值

使用退出乘数法计算终值 *(单位:100 万美元)*	
终止年份的 EBITDA (2024E)	
退出乘数	7.5×
终值	

   b. 假设使用年中折现法,结合题目 a 中得到的终值计算隐含永续增长率

隐含永续增长率 *(单位:100 万美元)*	
终止年份的自由现金流 (2024E)	
折现率	
终值	
隐含永续增长率	

   c. 假设永续增长率为 3%,使用永续增长率法计算公司终值

使用永续增长率法计算终值 *(单位:100 万美元)*	
终止年份的自由现金流 (2024E)	
加权平均资本成本	
永续增长率	3.0%
终值	

   d. 使用题目 7(c) 中计算的终值,计算隐含退出乘数

隐含退出乘数 *(单位:100 万美元)*	
终值	
终止年份的 EBITDA (2024E)	
加权平均资本成本	
隐含退出乘数	

8. 根据上题的计算结果和相关信息，假设采用年中折现法，回答以下关于现值的问题。

现值计算（单位：100 万美元）

	预测期				
	2020 年	2021 年	2022 年	2023 年	2024 年
无杠杆自由现金流					
加权平均资本成本					
折现期限	A)				
折现因子	0.95	B)	0.77	0.69	0.63
自由现金流现值			C)		

终值

终止年份的 EBITDA（2024E）	
退出乘数	7.5×
终值	
折现因子	D)
终值的现值	E)

a. 确定 Value 公司 2020 年的折现区间

b. 计算 2021 年折现因子

c. 计算 2022 年自由现金流的现值

d. 假设使用退出乘数法，确定合适的终值折现因子

e. 计算终值的现值

9. 根据上题的计算结果和相关信息，回答以下关于 Value 公司的企业价值的问题。

企业价值（单位：100 万美元）	
自由现金流累计现值	A)
终值	
终止年份的 EBITDA（2024E）	
退出乘数	
终值	
折现因子	
终值的现值	
占企业价值的比例（%）	C)
企业价值	B)

a. 计算 2020—2024 年预测的自由现金流的累计现值

b. 计算企业价值

c. 计算终值占企业价值的比例

10. 根据上题的计算结果和相关信息，回答以下关于 Value 公司股权价值及隐含股票价格的问题。

假设（单位：100 万美元）	
总债务	$1 500.0
现金及现金等价物	250.0
隐含股权价值及股票价格	
企业价值	
减：总债务	
减：优先股	
减：非控股股东权益	
加：现金及现金等价物	
隐含股权价值	

a. 计算 Value 公司隐含股权价值

使用下表中的数据回答 10（b）和 10（c）两题。注：使用 Excel 中的迭代函数

期权/权证		
批次	股份数	行权价格
批次 1	2.250	$25.00
批次 2	1.000	30.00
批次 3	0.750	45.00
批次 4	0.500	57.50
批次 5	0.250	75.00

b. 假设已发行了 8 000 万股，计算全面稀释已发行普通股股份数

c. 计算 Value 公司的隐含股票价格

11. 使用现金流折现分析法的正确步骤是什么？

Ⅰ. 确定终值

Ⅱ. 研究目标公司并找出驱动公司业绩表现的关键变量

Ⅲ. 计算公司现值并确定估值

Ⅳ. 预测自由现金流

Ⅴ. 计算加权平均资本成本

A. Ⅱ、Ⅴ、Ⅳ、Ⅲ 和 Ⅰ

B. Ⅱ、Ⅳ、Ⅴ、Ⅰ 和 Ⅲ

C. Ⅲ、Ⅳ、Ⅴ、Ⅰ 和 Ⅱ

D. Ⅲ、Ⅳ、Ⅴ、Ⅱ 和 Ⅰ

12. 下列选项中，哪一项属于流动资产？

A. 商誉

B. 机器、设备及厂房

C. 应计费用

D. 预付费用

13. 下列选项中，哪一项属于长期资产？

    A. 商誉

    B. 预付费用

    C. 应付账款

    D. 应收账款

14. 使用如下信息计算自由现金流。

假设（单位：100 万美元）	
息税前利润	$ 300.0
折旧与摊销	50.0
资本性支出	25.0
净营运资本的增加/（减少）	10.0
税率（%）	25.0%

    A. 1.51 亿美元

    B. 1.89 亿美元

    C. 2.40 亿美元

    D. 3.89 亿美元

15. 使用如下信息计算自由现金流。

假设（单位：100 万美元）	
销售收入	$ 1 000.0
息税、折旧及摊销前利润率（%）	15.0%
折旧与摊销占销售收入的比例（%）	3.0%
资本性支出占销售收入的比例（%）	2.5%
净营运资本的增加/（减少）	15.0
税率（%）	25.0%

    A. 0.644 亿美元

    B. 0.800 亿美元

    C. 0.891 亿美元

    D. 1.02 亿美元

16. 下列哪些选项与现金流折现分析法中预测自由现金流的假设条件有关？

    Ⅰ．历史利息支出

    Ⅱ．历史增长率

    Ⅲ．债券类别

    Ⅳ．历史息税前利润率

    A．Ⅰ和Ⅱ

    B．Ⅰ和Ⅲ

    C．Ⅱ和Ⅳ

    D．Ⅰ、Ⅱ、Ⅲ和Ⅳ

17. 现金流折现分析法的预测期通常是几年？

    A．1年

    B．3年

    C．5年

    D．30年

18. 下列哪些选项有助于确定预测期的长短？

    Ⅰ．公司所处行业

    Ⅱ．自由现金流的可预测性

    Ⅲ．商业模式

    Ⅳ．业务成熟度

    A．Ⅰ和Ⅱ

    B．Ⅱ和Ⅲ

    C．Ⅱ和Ⅳ

    D．Ⅰ、Ⅱ、Ⅲ和Ⅳ

19. 下列哪种类型的公司适用于15～20年的预测期？

    A．拥有长期合同收入的公司

    B．在许多国家销售产品并提供服务的公司

C. 能够提供多种产品或服务的公司

D. 资本成本低廉的公司

20. 下列哪一个行业的公司现金流折现预测期最有可能超过 5 年？

    A. 公用事业

    B. 资本货物

    C. 零售业

    D. 汽车业

21. 下列哪些选项是现金流折现分析法中的关键变量？

    Ⅰ. 加权平均资本成本

    Ⅱ. 退出乘数

    Ⅲ. 内部收益率

    Ⅳ. 息税前利润率

    A. Ⅰ 和 Ⅲ

    B. Ⅱ 和 Ⅲ

    C. Ⅰ、Ⅱ 和 Ⅳ

    D. Ⅰ、Ⅲ 和 Ⅳ

22. 下列哪种类型的公司预期会产生高额资本性支出？

    Ⅰ. 矿业公司

    Ⅱ. 重型机器设备制造商

    Ⅲ. 成熟批发商

    Ⅳ. 石油及天然气公司

    A. Ⅰ、Ⅱ 和 Ⅲ

    B. Ⅰ、Ⅱ 和 Ⅳ

    C. Ⅰ、Ⅲ 和 Ⅳ

    D. Ⅰ、Ⅱ、Ⅲ 和 Ⅳ

23. 下列选项中，哪一项不是公司预测自由现金流的关键变量？

    A. 资本性支出

    B. 销售收入增长

    C. 息税前利润率

    D. 折现率

24. 贝塔是考量哪两个收益率之间的协方差？

    A. 公司股票收益率；整体市场收益率

    B. 公司股票收益率；公司所处行业的市场收益率

    C. 公司债券收益率；整体市场收益率

    D. 公司股票收益率；公司所处行业的市场收益率

25. 资本资产定价理论假设股权投资者要求对其承受的哪种风险进行补偿？

    A. 系统性风险

    B. 非系统性风险

    C. 违约风险

    D. 财务困境风险

26. 一只股票的贝塔值大于1意味着什么？

    A. 系统性风险低于市场

    B. 系统性风险高于市场

    C. 非系统性风险低于市场

    D. 非系统性风险高于市场

27. 如果某公司的资本结构中不包含债务，则其加权平均资本成本等于多少？

    A. 债务成本

    B. 无风险利率

    C. 考虑税收影响的股权成本

    D. 股权成本

28. 下列哪些选项属于折旧与摊销的共性？

    Ⅰ．非现金支出

    Ⅱ．降低利润

    Ⅲ．降低无形资产

    Ⅳ．不包含在现金流量表中

    A．Ⅰ和Ⅱ

    B．Ⅱ和Ⅲ

    C．Ⅰ、Ⅲ和Ⅳ

    D．Ⅱ、Ⅲ和Ⅳ

29. 下列哪一项不属于资本性支出与折旧的共性？

    A．被用于计算自由现金流

    B．代表实际的现金流出

    C．可在现金流量表中找到

    D．被用于计算"机器、设备及厂房"科目

30. 基于以下假设，计算 2018—2019 年的营运资本净值的（增加）/减少。

假设（单位：100 万美元）	2018 年	2019 年
应收账款	$325.0	$350.0
存货	200.0	210.0
预付费用及其他	35.0	45.0
应付账款	300.0	315.0
应计负债	150.0	160.0
其他流动负债	60.0	65.0

    A．1 000 万美元

    B．(1 000) 万美元

    C．1 500 万美元

    D．(1 500) 万美元

31. 存货增加意味着什么？

   A. 现金的使用

   B. 现金的来源

   C. 对现金无影响

   D. 机器、设备及厂房的减少

32. 应付账款增加意味着什么？

   A. 现金的使用

   B. 现金的来源

   C. 对现金无影响

   D. 机器、设备及厂房的增加

33. 应收账款周转天数被用于测算什么？

   A. 产品或服务被销售后直至货款回收的天数

   B. 客户延期支付货款的天数

   C. 客户付清欠款的剩余天数

   D. 公司对外支付产品或服务采购款项需要的天数

34. 假设某公司拥有 35 亿美元收入以及 3 亿美元应收账款，则应收账款周转天数为几天？

   A. 29 天

   B. 30 天

   C. 31 天

   D. 43 天

35. 存货周转天数被用以衡量什么？

   A. 存货自取得直至废弃的天数

   B. 取得新存货的天数

   C. 支付其存货款项的天数

   D. 存货自取得直至销售的天数

36. 存货周转被用以测算什么？
    A. 公司每月存货周转的次数
    B. 公司每季度存货周转的次数
    C. 公司每年存货周转的次数
    D. 公司每个季节存货周转的次数

37. 假设公司拥有35亿美元收入、24亿美元销货成本以及5.25亿美元存货，则存货周转天数等于多少天？
    A. 70天
    B. 75天
    C. 80天
    D. 85天

38. 根据上题信息，计算存货周转次数。
    A. 4.6次
    B. 4.9次
    C. 5.1次
    D. 6.1次

39. 应付账款周转天数被用以测算什么？
    A. 客户给定的付款天数
    B. 产品或服务被销售后直至收到货款的天数
    C. 公司支付固定费用的天数
    D. 公司支付外部产品或服务采购款项的天数

40. 假设某公司拥有43亿美元收入、33亿美元销货成本以及2.5亿美元应付账款，则应付账款周转天数等于多少天？
    A. 28天
    B. 30天
    C. 32天
    D. 33天

41. 下列选项中，哪一项被用以计算股权成本？

   A. 加权平均资本成本

   B. 资本资产定价模型

   C. 营运资本净值

   D. 最差收益率

42. 下列选项中，哪一项可被用作资本资产定价模型中无风险利率的替代指标？

   A. 公司税后债务成本

   B. 联邦基金利率

   C. 内插值法计算的20年期国债收益率

   D. 伦敦银行间同业拆借利率

43. 下列选项中，哪一项最适合被当作市场风险溢价用以计算股权成本？

   A. 0%~1%

   B. 2%~3%

   C. 5%~8%

   D. 10%以上

44. 使用以下信息计算股权成本。

假设	
有杠杆贝塔	1.25
无风险利率	3.0%
市场风险溢价	6.6%
债务成本	9.0%

   A. 11.3%

   B. 12.0%

   C. 13.1%

   D. 14.4%

45. 下列哪一个行业的贝塔值最低？

    A. 社交媒体

    B. 公用事业

    C. 建筑业

    D. 化工业

46. 使用以下信息计算无杠杆贝塔。

假设	
有杠杆贝塔	1.25
债务/股权的比值	40.0%
边际税率	25.0%

    A. 0.96

    B. 1.00

    C. 1.12

    D. 1.35

47. 使用以下信息计算有杠杆贝塔。

假设	
无杠杆贝塔	1.00
债务/股权的比值	45.0%
边际税率	25.0%

    A. 1.01

    B. 1.25

    C. 1.34

    D. 1.42

48. 下列哪种方法被用于确定超过预测期的企业价值？

    A. 长期价值

    B. 长期调整价值

    C. 终值

    D. 预测值

49. 使用以下假设计算终值。

假设（单位：100 万美元）	
第 5 年自由现金流	$250.0
增长率	3.0%
加权平均资本成本	12.0%

   A. 28.002 亿美元

   B. 28.611 亿美元

   C. 31.115 亿美元

   D. 32.152 亿美元

50. 在现金流折现法中使用年中折现对估值有何影响？

   A. 相比年末折现，估值更高

   B. 相比年末折现，估值更低

   C. 与年末折现估值相同

   D. 不适用

51. 某公司预期未来一年产生 5 亿美元的自由现金流，加权平均资本成本为 12%。则使用年中折现法计算的公司现值等于多少？

   A. 5.292 亿美元

   B. 4.218 亿美元

   C. 4.464 亿美元

   D. 4.725 亿美元

52. 永续增长法及退出乘数法应该如何使用年中折现？

   A. 永续增长法使用年中折现；退出乘数法使用年末折现

   B. 退出乘数法使用年中折现；永续增长法使用年末折现

   C. 永续增长法和退出乘数法均使用年中折现

   D. 永续增长法和退出乘数法均不使用年中折现

53. 使用年中折现法以及下列假设计算企业价值。

假设（单位：100 万美元）			
2020 年预期自由现金流	$100.0	终值乘数	7.5 ×
2021 年预期自由现金流	110.0	加权平均资本成本	10.0%
2022 年预期自由现金流	120.0		
2023 年预期自由现金流	125.0		
2024 年预期自由现金流	130.0		
2024 年预期 EBITDA	250.0		

   A. 17.1 亿美元

   B. 17.25 亿美元

   C. 16.24 亿美元

   D. 19.86 亿美元

54. 投资者使用永续增长法而不是退出乘数法的原因可能是什么？

   A. 缺乏可比公司来确定退出乘数

   B. 确定长期增长率很困难

   C. 当前经济局势动荡

   D. 目标公司为私营企业

55. 下列选项中，哪种计算终值的方法在预测末期要求保持稳态？

   A. 永续增长法

   B. 退出乘数法

   C. 以上两者都是

   D. 以上两者都不是

56. 如果公司债务没有上市交易，则在计算加权平均资本成本时倾向于通过哪种方法确定债务成本？

   A. 历史平均利息支出

   B. 资本资产定价模型确定的利率与无风险利率的利差

   C. 基于目标公司资本结构，确定潜在信用评级及收益

   D. 以上方法均不是

57. 下列选项中，哪一项是现金流折现法的缺点？

    A. 独立于市场

    B. 终值占据总价值的比例很高

    C. 可以处理多种财务绩效情景

    D. 对于可比公司或可比交易的依赖很小

58. 银行家选择将规模溢价加入资本资产定价模型的原因是什么？

    A. 经验证据表明越小的公司其风险越大，因此其股权成本也越高

    B. 经验证据表明越大的公司其风险越大，因此其股权成本也越高

    C. 为了补偿市场风险溢价，可能会变动

    D. 为了补偿无风险利率，可能会变动

59. 预测周期性公司的自由现金流时会面临哪些挑战？

60. 在预测周期性公司的期末自由现金流时需要考虑哪些因素？

61. 折旧如何在利润表、现金流量表以及资产负债表中体现？

62. 其他条件不变，如果加权平均资本成本上升，则企业价值会随之上升还是下降？原因是什么？

63. 使用5%的市场风险溢价相比于使用8%的市场风险溢价而言对估值有何影响？

64. 现金流折现分析法的好处是什么？

65. 使用现金流折现分析法需要考虑的因素有哪些？

第三章 答案及解析

1. Value 公司利润表，至 EBITDA 科目。

=销售收入₂₀₂₁E × 销货成本占销售收入的比例
=39.313亿美元 × 60%

=销售收入₂₀₁₉年 × (1+增长率)
=34.5亿美元 × (1+7.5%)

Value公司
(单位:100万美元　财年截至12月31日)

	2020年	2021年	预测期 2022年	2023年	2024年
销售收入	$3 708.8	$3 931.3	$4 127.8	$4 293.0	$4 421.7
增长率	*7.5%*	*6.0%*	*5.0%*	*4.0%*	*3.0%*
销货成本	2 225.3	2 358.8	2 476.7	2 575.8	2 653.0
毛利润	$1 483.5	$1 572.5	$1 651.1	$1 717.2	$1 768.7
毛利率(%)	*40.0%*	*40.0%*	*40.0%*	*40.0%*	*40.0%*
销售、管理及行政费用	704.1	746.4	783.7	815.0	839.5
息税、折旧及摊销前利润	$779.4	$826.1	$867.4	$902.1	$929.2
息税、折旧及摊销前利润率	*21.0%*	*21.0%*	*21.0%*	*21.0%*	*21.0%*

=销售收入₂₀₂₂E − 销货成本₂₀₂₂E
=41.278亿美元 − 24.767亿美元

=销售收入₂₀₂₃E × 销售、管理及行政费用占销售收入的比例
=42.93亿美元 × 19%

=毛利润₂₀₂₄E − 销售、管理及行政费用₂₀₂₄E
=17.687亿美元 − 8.395亿美元

a. 37.088 亿美元。2020 年销售收入等于 2019 年销售收入乘以 1 加 7.5% 的增长率。[34.5 亿美元 ×（1 + 7.5%）]

b. 23.588 亿美元。2021 年销货成本等于 2021 年销售收入乘以 60%。（39.313 亿美元 × 60%）

c. 16.511 亿美元。2022 年毛利润等于 2022 年销售收入减去 2022 年销货成本。（41.278 亿美元 − 24.767 亿美元）

d. 8.15 亿美元。2023 年销售、管理及行政费用等于 2023 年销售收入乘以 19%。（42.93 亿美元 × 19%）

e. 9.292 亿美元。2024 年息税、折旧及摊销前利润等于 2024 年毛利润减去 2024 年销售、管理及行政费用。（17.687 亿美元 − 8.395 亿美元）

2. Value 公司预测利润表至息前税后利润科目。

```
=EBITDA_{2021E} – 折旧与摊销_{2021E}
=8.261亿美元 – 2.359亿美元
```

```
=销售收入_{2020E} × 折旧及摊销占销
售收入的比例 = 37.088亿美元 × 6%
```

Value公司
(单位：100万美元　财年截至12月31日)

	2020年	2021年	2022年	2023年	2024年
			预测期		
EBITDA	$779.4	$826.1	$867.4	$902.1	$929.2
折旧与摊销	222.5	235.9	247.7	257.6	265.3
EBIT	$556.9	$590.3	$619.8	$644.6	$663.9
息税前利润率	*15.0%*	*15.0%*	*15.0%*	*15.0%*	*15.0%*
税费	139.2	147.6	154.9	161.1	166.0
息前税后利润	$417.6	$442.7	$464.8	$483.4	$497.9

```
=EBIT_{2022E} × 税率
=6.198亿美元 × 25%
```

```
=EBIT_{2023E} – 税费_{2023E}
=6.446亿美元 – 1.611亿美元
```

a. 2.225 亿美元。2020 年折旧与摊销应等于 2020 年销售收入乘以 6%。（37.088 亿美元 × 6%）

b. 5.903 亿美元。2021 年息税前利润应等于 2021 年 EBITDA 减去 2021 年折旧与摊销金额。（8.261 亿美元 – 2.359 亿美元）

c. 1.549 亿美元。2022 年税费应等于 2022 年 EBIT 乘以 25%。（6.198 亿美元 × 25%）

d. 4.834 亿美元。2023 年息前税后利润应等于 2023 年 EBIT 减去 2023 年税费。（6.446 亿美元 – 1.611 亿美元）

3. Value 公司 2018 年营运资本比率。

Value 公司
营运资本预测
(单位：100万美元　财年截至12月31日)

	历史期			
	2016 年	2017 年	2018 年	2019 年
销售收入	$2 600.0	$2 900.0	$3 200.0	$3 450.0
销货成本	1 612.0	1 769.0	1 920.0	2 070.0

111

（续）

流动资产				
应收账款	317.0	365.5	417.4	450.0
存货	441.6	496.8	556.5	600.0
预付费用及其他	117.0	142.1	162.3	175.0
流动资产合计	**$875.6**	**$1 004.4**	**$1 136.2**	**$1 225.0**
流动负债				
应付账款	189.9	189.0	199.4	215.0
应计负债	221.0	237.8	255.1	275.0
其他流动负债	75.4	84.1	92.8	100.0
流动负债合计	**$486.3**	**$510.9**	**$547.2**	**$590.0**
营运资本净值	**$389.4**	**$493.5**	**$589.0**	**$635.0**
营运资本净值占销售收入比例	*15.0%*	*17.0%*	*18.4%*	*18.4%*
−营运资本的增加/+营运资本的减少		**($104.1)**	**($95.5)**	**($46.0)**

=预付账款及其他流动资产$_{2018年}$/销售收入$_{2018年}$
=1.623亿美元/32亿美元

=(存货$_{2018年}$/销货成本$_{2018年}$)×365
=(5.565亿美元/19.2亿美元)×365

=(应收账款$_{2018年}$/销售收入$_{2018年}$)×365
=(4.174亿美元/32亿美元)×365

假设				
流动资产				
应收账款周转天数	44.5	46.0	47.6	47.6
存货周转天数	100.0	102.5	105.8	105.8
预付账款及其他流动资产(占销售收入的比例%)	4.5%	4.9%	5.1%	5.1%
流动负债				
应付账款周转天数	43.0	39.0	37.9	37.9
应计负债(占销售收入的比例)	8.5%	8.2%	8.0%	8.0%
其他流动负债(占销售收入的比例)	2.9%	2.9%	2.9%	2.9%

=其他流动负债$_{2018年}$/销售收入$_{2018年}$
=0.928亿美元/32亿美元

=应计负债$_{2018年}$/销售收入$_{2018年}$
=2.551亿美元/32亿美元

=(应收账款$_{2018年}$/销货成本$_{2018年}$)×365
=(1.994亿美元/19.2亿美元)×365

a. 47.6 天。2018 年应收账款周转天数等于 2018 年应收账款除以 2018 年销售收入，再乘以 365。〔(4.174 亿美元/32 亿美元)×365〕

b. 105.8 天。2018 年存货周转天数等于 2018 年存货除以 2018 年销货成本，再乘以 365。〔(5.565 亿美元/19.2 亿美元)×365〕

c. 5.1%。2018 年预付费用及其他流动资产占销售收入的比例等于 2018 年预付费用及其他流动资产除以 2018 年销售收入。(1.623 亿美元/32 亿美元)

d. 37.9。2018 年应付账款周转天数等于 2018 年应付账款除以 2018 年销货成本，再乘以 365。〔(1.994 亿美元/19.2 亿美元)×365〕

e. 8%。2018 年应计负债占销售收入的比例等于 2018 年应计负债除以 2018 年销售收入。(2.551 亿美元/32 亿美元)

f. 2.9%。2018 年其他流动负债占销售收入的比例等于 2018 其他流动负债除以 2018 年销售收入。(0.928 亿美元/32 亿美元)

4. Value 公司营运资本预测。

   a. 4.838 亿美元。2020 年应收账款等于 2020 年销售收入除以 365，再乘以 2020 年应收账款周转天数。(37.088 亿美元/365)×47.6

   b. 6.837 亿美元。2021 年存货等于 2021 年销货成本除以 365，再乘以 2021 年存货周转天数。(23.588 亿美元/365)×105.8

   c. 2.094 亿美元。2022 年预付费用及其他流动资产等于 2022 年销售收入乘以 2022 年预付费用及其他流动资产占销售收入的比例。(41.278 亿美元×5.1%)

   d. 15.243 亿美元。2023 年总流动资产等于 2023 年应收账款、存货、预付费用及其他流动资产的总和。(5.6 亿美元+7.466 亿美元+2.178 亿美元)

   e. 2.311 亿美元。2020 年应付账款等于 2020 年销货成本除以 365，再乘以 2020 年应付账款周转天数。(22.253 亿美元/365)×37.9

   f. 3.134 亿美元。2021 年应计负债等于 2021 年销售收入乘以 2021 年应计负债占销售收入的比例。(39.313 亿美元×8%)

   g. 1.196 亿美元。2022 年其他流动负债等于 2022 年销售收入乘以 2022 年其他流动负债占销售收入的比例。(41.278 亿美元×2.9%)

=应收账款2023E+存货2023E+预付费用及其他流动资产2023E
=5.6亿美元+7.466亿美元+2.178亿美元

=销售收入2022E×预付费用及其他流动资产占销售收入的比例
=41.278亿美元×5.1%

=（销货成本2021E/365）×存货周转天数
=（23.588亿美元/365）×105.8

=（销售收入2020E/365）×应收账款周转天数=（37.088亿美元/365）×47.6

Value公司
营运资本预测
(单位：100万美元　财年截至12月31日)

	2020年	2021年	2022年	2023年	2024年
			预测期		
销售收入	$3 708.8	$3 931.3	$4 127.8	$4 293.0	$4 421.7
销货成本	2 225.3	2 358.8	2 476.7	2 575.8	2 653.0
流动资产					
应收账款	483.8	512.8	538.4	560.0	576.7
存货	645.0	683.7	717.9	746.6	769.0
预付费用及其他	188.1	199.4	209.4	217.8	224.3
流动资产合计	**$1 316.9**	**$1 395.9**	**$1 465.7**	**$1 524.3**	**$1 570.0**
流动负债					
应付账款	231.1	245.0	257.2	267.5	275.6
应计负债	295.6	313.4	329.0	342.2	352.5
其他流动负债	107.5	114.0	119.6	124.4	128.2
流动负债合计	**$634.3**	**$672.3**	**$705.9**	**$734.2**	**$756.2**
营运资本净值	**$682.6**	**$723.6**	**$759.8**	**$790.2**	**$813.9**
营运资本净值占销售收入的比例	*18.4%*	*18.4%*	*18.4%*	*18.4%*	*18.4%*
–营运资本的增加/+营运资本的减少	($47.6)	($41.0)	($36.2)	($30.4)	($23.7)

=（销货成本2020E/365）×应付账款周转天数=（22.253亿美元/365）×37.9

=营运资本净值2023E－营运资本净值2024E
=7.902亿美元－8.139亿美元

=销售收入2021E×应计负债占销售收入的比例
=39.133亿美元×8%

=总流动资产2024E－总流动负债2024E
=15.7亿美元－7.562亿美元

=销售收入2022E×其他流动负债占销售收入的比例
=41.278亿美元×2.9%

=应付账款2023E+应计负债2023E+其他流动负债2023E
=2.675亿美元+3.422亿美元+1.244亿美元

h. 7.342亿美元。2023年总流动负债等于2023年应付账款、应计负债以及其他流动负债的总和。（2.675亿美元＋3.422亿美元＋1.244亿美元）

i. 8.139亿美元。2024年营运资本净值等于2024年总流动资产减去2024年总流动负债。（15.7亿美元－7.562亿美元）

j. −0.237亿美元。2024年营运资本的增加/（减少）的净值等于2023年营运资本净值减去2024年营运资本净值。（7.902亿美元−8.139亿美元）

5. Value公司预测现金流。

Value公司 (单位：100万美元 财年截至12月31日)					
			预测期		
	2020年	2021年	2022年	2023年	2024年
EBITDA	$417.6	$442.7	$464.8	$483.4	$497.9
加:折旧与摊销	222.5	235.9	247.7	257.6	265.3
减:资本性支出	(166.9)	(176.9)	(185.8)	(193.2)	(199.0)
减:流动资金的增加/(减少)	(47.6)	(41.0)	(36.2)	(30.4)	(23.7)
无杠杆自由现金流	$425.6	$460.7	$490.6	$517.4	$540.5

= 销售收入$_{2020E}$ × 资本性支出占销售收入的比例 = 37.088亿美元 × 4.5%

= 息前税后利润$_{2021E}$ + 折旧与摊销$_{2021E}$ − 资本性支出$_{2021E}$ − 营运资本净额的增加/（减少）4.427亿美元+2.359亿美元−1.769亿美元−0.41亿美元

a. −1.669亿美元。2020年资本性支出等于2020年销售收入乘以4.5%。（37.088亿美元×4.5%）

b. 4.607亿美元。2021年自由现金流等于2021年息前税后利润，加上2021年折旧与摊销，减去2021年资本性支出以及2021年营运资本净值的增加/（减少）。（4.427亿美元+2.359亿美元−1.769亿美元−0.41亿美元）

6. 计算Value公司的加权平均资本成本。

a. 70%。股权与资本总额的比值等于1减去债务与资本总额的比值。（1−30%）

b. 42.9%。目标债务与股权的比值等于债务与资本总额的比值除以股权与资本总额的比值。（30%/70%）

c. 4.9%。税后债务成本等于债务成本乘以（1−税率）。[6%×(1−25%)]

d. 22.4%。Buyer公司的债务与股权比值等于债务市场价值除以股权市场价值。（22亿美元/98亿美元）

> =预期杠杆贝塔/[1+(债务/股权)×(1−t)]
> =1.46/[1+56.3%×(1−25%)]

> = Buyer公司债务的市场价值/ Buyer公司的股本市场价值
> = 22亿美元/98亿美元

可比公司无杠杆贝塔（单位：100万美元）

公司名称	有杠杆贝塔预测	债务市值	股权市值	债务/股权	边际税率	无杠杆贝塔
Buyer公司	1.35	$2 200.0	$9 800.0	22.4%	25.0%	1.16
Sherman公司	1.46	3 150.0	5 600.0	56.3%	25.0%	1.03
Gasparro公司	1.30	1 850.0	5 000.0	37.0%	25.0%	1.02
Goodson公司	1.53	2 250.0	4 160.0	54.1%	25.0%	1.09
S.Momper公司	1.50	1 000.0	2 240.0	44.6%	25.0%	1.12
平均数	1.43			42.9%		1.08
中位数	1.46			44.6%		1.09

> =Average(Buyer公司的债务/股权:S.Momper公司的债务/股权)
> =Average(22.4%:44.6%)

> =Average(Buyer公司的无杠杆贝塔:S.Momper公司的无杠杆贝塔)
> =Average(1.16:1.12)

e. 1.03。Sherman 公司的无杠杆贝塔的计算公式如下：

$$\beta_U = \frac{\beta_L}{1+\frac{D}{E}\times(1-t)}$$

$$1.03 = \frac{1.46}{1+0.56\times(1-0.25)}$$

其中：β_U = 无杠杆贝塔，

β_L = 有杠杆贝塔，

$\frac{D}{E}$ = 债务与股权的比值，

t = 边际税率。

f. 42.9%。可比公司的债务与股权比值的平均数等于各可比公司债务与股权比值的算术平均。

g. 1.08。可比公司的无杠杆贝塔均值等于各可比公司无杠杆贝塔的算术平均数。

h. 1.43。Value 公司有杠杆贝塔的计算公式如下：

$$\beta_L = \beta_U \times \left[1+\frac{D}{E}\times(1-t)\right]$$

其中：$\dfrac{D}{E}$ = 目标债务与股权的比率。

i. 13.6%。股权成本计算公式如下：

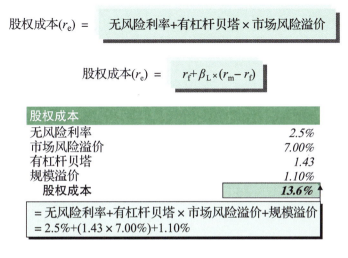

j. 11%。加权平均资本成本计算公式如下：

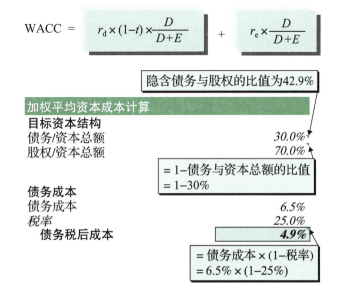

股权成本	
无风险利率	*2.5%*
市场风险溢价	*7.00%*
有杠杆贝塔	1.43
规模溢价	*1.10%*
股权成本	**13.6%**

= 无风险利率+(有杠杆贝塔×市场风险溢价)+规模溢价
= 2.5%+(1.43×7.00%)+1.10%

加权平均资本成本	**11.0%**

= (税后债务成本×债务与资本总额的比值)+(股权成本×股权与资本总额的比值)
=(4.9%×30%)+(13.6%×70%)

7. Value 公司终值。

   a. 69.69 亿美元。使用退出乘数法计算终值的公式如下：

   $$\text{终值} = \text{EBITDA}_n \times \text{退出乘数}$$

   其中：n = 预测期的终止年份

使用退出乘数法计算终值 (单位:100万美元)	
终止年份的EBITDA(2024E)	$929.2
退出乘数	7.5×
终值	**$6 969.0**

   = $\text{EBITDA}_{\text{终止年份}} \times \text{退出乘数}$
   = 9.292亿美元 × 7.5×

   b. 2.6%。隐含永续增长率计算公式如下：

   $$\text{隐含永续增长率} = \frac{(\text{终值}^{(a)} \times \text{WACC}) - \text{自由现金流}_{\text{终止年份}} \times (1+\text{WACC})^{0.5}}{\text{终值}^{(a)} + \text{自由现金流}_{\text{终止年份}} \times (1+\text{WACC})^{0.5}}$$

   其中 (a) 终值通过退出乘数法计算

隐含永续增长率 (单位:100万美元)	
终止年份的自由现金流(2024E)	$540.5
折现率	11.0%
终值	$6 969.0
隐含永续增长率	**2.6%**

   =[(退出乘数法计算的终值×加权平均资本成本)−自由现金流$_{\text{终止年份}}$×
   (1+加权平均资本成本)$^{0.5}$]/[退出乘数法计算的终值+自由现金流$_{\text{终止年份}}$×
   (1+加权平均资本成本)$^{0.5}$]
   =[69.69亿美元×11%−5.405亿美元×(1+11%)$^{0.5}$]/[69.69亿美元+5.405亿
   美元×(1+11%)$^{0.5}$]

c. 69.596 亿美元。使用永续增长法计算终值的公式如下：

$$终值 = \frac{自由现金流_n \times (1+g)}{r-g}$$

其中：自由现金流 = 无杠杆自由现金流，

n = 预测期的终止年份，

g = 永续增长率，

r = 加权平均资本成本。

使用永续增长率法计算终值 (单位:100万美元)	
终止年份的自由现金流(2024E)	$540.5
加权平均资本成本	11.0%
永续增长率	3.0%
终值	**$6 959.6**
= 自由现金流$_{终止年份}$×(1+永续增长率)/(加权平均资本成本−永续增长率)	
= 5.405亿美元 × (1+3%)/(11%−3%)	

d. 7.9×。隐含退出乘数的计算公式如下：

$$隐含退出乘数 = \frac{终值^{(a)} \times (1+加权平均资本成本)^{0.5}}{EBITDA_{终止年份}}$$

其中：$^{(a)}$ 终值通过永续增长法计算

隐含退出乘数 (单位:100万美元)	
终值	$6 959.6
终止年份的EBITDA(2024E)	929.2
加权平均资本成本	11%
隐含退出乘数	**7.9×**
= 永续增长法计算的终值 × (1+加权平均资本成本)$^{0.5}$/ EBITDA$_{终止年份}$	
= 69.596亿美元 × (1+11%)$^{0.5}$/9.292亿美元	

8. 计算现值

= 1/[(1+加权平均资本成本)^(n−0.05)]
= 1/[(1+11%)^(1.5)]
注：假设使用年中折现法

= 当前年份−第0年−0.5年
= 2020年−2019年−0.5年
注：假设使用年中折现法

现值计算（单位：100万美元）

			预测期		
	2020年	2021年	2022年	2023年	2024年
无杠杆自由现金流	$425.6	$460.7	$490.6	$517.4	$540.5
加权平均资本成本 11.0%					
折现期限	0.5	1.5	2.5	3.5	4.5
折现因子	0.95	0.86	0.77	0.69	0.63
自由现金流现值	$404.0	$393.9	$377.9	$359.1	$338.0

= 无杠杆自由现金流$_{2022E}$ × 折现因子
= 4.906亿美元 × 0.77

终值	
终止年份的EBITDA(2024E)	$929.2
退出乘数	7.5×
终值	**$6 969.0**
折现因子	0.59
终值的现值	**$4 135.8**

= 终值 × 折现因子
= 69.69亿美元 × 0.59

= 1/(1+加权平均资本成本)^n
= 1/(1+11%)^5
注：年中折现不适用于退出乘数法

a. 0.5。2020 年折现区间等于当前年份减去第 0 年，再减去 0.5。（2020 年 − 2019 年 − 0.5 年）

b. 0.86。2021 年折现因子计算公式如下：

$$\text{折现因子} = \frac{1}{(1+\text{加权平均资本成本})^{(n-0.5)}}$$

$$0.86 = \frac{1}{(1+11\%)^{1.5}}$$

c. 3.779 亿美元。2022 年自由现金流现值等于 2022 年无杠杆自由现金流乘以 2022 年折现因子。(4.906 亿美元 ×0.77)

d. 0.59。终值折现因子计算公式如下：

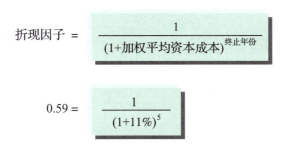

e. 41.358 亿美元。终值的现值等于终值乘以折现因子。
（69.69 亿美元 ×0.59）

9. Value 公司的企业价值

a. 18.729 亿美元。自由现金流的累计现值等于 2020 至 2024 年的自由现金流的现值总和。

b. 60.087 亿美元。企业价值等于自由现金流的累计现值加上终值的现值。
（18.729 亿美元 + 41.358 亿美元）

c. 68.8%。终值占企业价值的比例等于终值的现值除以企业价值。(41.358亿美元/60.087亿美元)

10. Value 公司的股权价值和隐含股票价格。

隐含股权价值及股票价格 *(单位:100万美元)*	
企业价值	$6 008.7
减:总债务	(1 500.0)
减:优先股	—
减:非控股股东权益	—
加:现金及现金等价物	250.0
隐含股权价值	**$4 758.7**

= 企业价值−总债务+现金及现金等价物
= 60.087亿美元−15亿美元+2.5亿美元

= 行权价格 × 实值股份数
= 45美元 × 75万股

= IF(行权价格<隐含股票价格,股份数,0)
= IF(25美元<58.08美元,2.25,0)

计算隐含股票价格				
企业价值				$6 008.7
减:总债务				(1 500.0)
加:现金及现金等价物				250.0
隐含股权价值				**$4 758.7**
期权/权证				
批次	股份数	行权价格	实值股份	行权收入
批次1	2.250	$25.00	2.250	56.3
批次2	1.000	30.00	1.000	30.0
批次3	0.750	45.00	0.750	33.8
批次4	0.500	57.50	0.500	28.8
批次5	0.250	75.00	—	—
总计	4.750		4.500	$148.8

对外已发行普通股数	80.000
加:实值期权对应的股份数	4.500
减:回购股份数	(2.561)
期权产生的净新股数	1.939
加:可转换证券对应股份数	—
全面稀释后的对外已发行普通股数	81.939
隐含股价	**$58.08**

= 隐含股权价值/全面稀释后的股份
= 47.587亿美元/8 193.9万股

= −期权收入总收入/隐含股价
= −1.488亿美元/58.08美元

a. 47.587亿美元。隐含股权价值等于企业价值减去总债务，再加上现金及现金等价物。(60.087亿美元 – 15亿美元 + 2.5亿美元)

b. 8 193.9万美元。实值期权与权证的存在，创建了一个被循环引用的基本公式如下：

$$\text{隐含股价} = \frac{\text{隐含股权价值}}{\text{完全稀释的流通股份}}$$

换言之，每股的股权价值取决于全面稀释的已发行普通股，反过来也取决于隐含股价。如以下列示，可通过引用Excel中的迭代函数进行处理。

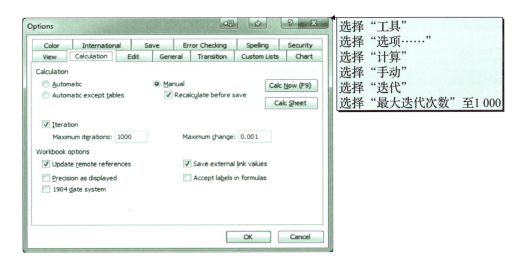

如上述所示，鉴于行权价格低于58.08美元的隐含股价，450万股处于实值状态。在使用库存股份法时，假设通过行权获得的收益被用于以58.08美元的隐含股价回购股份。因此，公司回购256.1万股，最终净新增股份数193.9万股，加上原有已发行普通股，总计全面稀释股份数达到8 193.9万股。

c. 58.08美元。隐含股价等于隐含股权价值除以公司全面稀释的已发行普通股股份数。

11. B。正确的顺序如下：
    Ⅰ. 研究目标公司并找出驱动公司业绩表现的关键变量
    Ⅱ. 预测自由现金流
    Ⅲ. 计算加权平均资本成本

Ⅳ. 确定终值

Ⅴ. 计算公司现值并确定最终估值

12. D。预付费用是指公司在交付产品或提供服务之前支付的费用，属于流动资产。其他选项属于长期资产或负债。

13. A。商誉属于长期资产，是指购买资产时支付款项超过资产账面价值的部分。其他选项属于短期资产或负债。

14. C。自由现金流是指公司在支付所有现金经营费用及相关税额、资本性支出以及净营运资本的增加值后，但在支付利息费用之前产生的现金流。

计算自由现金流(单位:100万美元)	
EBIT	$300.0
税金	75.0
息前税后利润	$225.0
加:折旧与摊销	50.0
减:资本性支出	(25.0)
减:净营运资本的增加/(减少)	(10.0)
无杠杆自由现金流	$240.0

= 息前税后利润+折旧与摊销-资本性支出-净营运资本的增加/(减少)
= 2.25亿美元+0.5亿美元-0.25亿美元-0.1亿美元

15. B。计算公式如下：

= EBIT × 税率
= 1.20亿美元 × 25.0%

= (销售收入 × 息税、折旧及摊销前利润率)-折旧与摊销
= (10亿美元 × 15%)-0.3亿美元

计算自由现金流 (单位:100万美元)	
EBIT	$120.0
税金	30.0
息前税后利润	$90.0
加:折旧与摊销	30.0
减:资本性支出	(25.0)
减:净营运资本增加/(减少)	(15.0)
无杠杆自由现金流	$80.0

= 息前税后利润+折旧与摊销-资本性支出-净营运资本的增加/(减少)
= 0.9亿美元+0.3亿美元-0.25亿美元-0.15亿美元

= 销售收入 × 资本性支出占销售收入的比例
= 10亿美元 × 2.5%

= 销售收入 × 折旧与摊销占销售收入的比例
= 10亿美元 × 3%

16. C。历史增长率、息税前利润率及其他比率是用于预测公司未来表现的可靠指标，特别是对于非周期性成熟公司而言。通常来说，公司历史三年的业绩表现（如果可以得到的话）是预测未来业绩的良好参照。

17. C。在现金流折现模型中，自由现金流的预测期通常是5年。但是，这主要取决于目标公司所处的行业、商业模式、发展阶段以及财务业绩的可预测性。

18. D。在现金流折现模型中，公司自由现金流的预测期通常是5年，但是还取决于公司所处的行业、商业模式、发展阶段以及财务业绩的可预测性。将自由现金流预测到目标公司的财务业绩达到正常水平的时点是至关重要的。对于成熟的公司来说，5年通常足以让一家公司达到其稳定状态，而且通常至少跨越一个商业周期。

19. A。对于拥有高度可预测或者合同性质收入流的公司而言，15～20年的预测期更为适合。

20. A。公用事业公司通常拥有高度可预测或合同性质的收入流，因此其预测期可能比5年要长。

21. C。加权平均资本成本、退出乘数以及息税前利润率属于现金流折现法中的关键变量。其他敏感变量包括永续增长率、销售收入增长率等。

22. B。采矿业公司、重型机器设备生产商、石油和天然气公司通常拥有高额的资本性支出。资本性支出是指公司用于购买、改造、扩充或置换实物资产的资金。这笔支出一旦发生则在资产负债表被资本化，然后在其使用寿命内通过公司的利润表进行折旧。

23. D。资本性支出、销售增长率、息税前利润率、折旧与摊销以及营运资本净值的增加/（减少）均属于预测公司自由现金流的关键变量。

24. A。贝塔值测算了公司股票回报率与整体市场回报率（系统风险）的协方差。通常而言，标普500指数被用做市场表现的替代指标，其贝塔值等于1。如果一只股票的贝塔值也等于1，则表明这只股票预期收益率与市场收益率持平。

25. A。资本资产定价模型基于股权投资人需要获得对于系统性风险的补偿性回报的前提假设，或者是市场回报超出无风险利率的回报。系统性风险与整体市场表现有关，也被认为是不能通过多样化配置消除的风险。

26. B。如果一只股票的贝塔值小于1，则其系统性风险低于市场；如果贝塔值大于1，则拥有比市场更高的系统性风险。从数学角度来看，根据资本资产定价模型的公式，拥有更高贝塔值的股票，其股权成本更高。反之，拥有较低贝塔值的股票，其股权成本则较低。

27. D。当公司无债务时，则其加权平均资本成本等于股权资本成本。

28. A。折旧和摊销均属于非现金支出费用并会降低报表中的利润。上述两个科目在资产的使用年限中逐渐抵消其账面价值，并在现金流量表中明确披露。

29. B。资本性支出属于实际现金支出，这一点与折旧不同。因此，在计算自由现金流时必须将资本性支出从息前税后利润中扣除。

30. D。计算2018—2019年间营运资本净值的变动额，可通过2018年营运资本净值减去2019年营运资本净值得到。

计算营运资本净值 (单位：100万美元)		
	2018年	2019年
流动资产		
应收账款	325.0	350.0
存货	200.0	210.0
预付款及其他流动资产	35.0	45.0
流动资产合计	$560.0	$605.0
流动负债		
应付账款	300.0	315.0
应计负债	150.0	160.0
其他流动负债	60.0	65.0
流动负债合计	$510.0	$540.0
营运资本净值	$50.0	$65.0
营运资本净值的(增加)/减少		($15.0)

= 营运资本净值$_{2018}$ - 营运资本净值$_{2019}$
= 5 000万美元 - 6 500万美元

31. A。流动资产（如应收账款、存货）增加被视为现金的使用。流动资产减少则被视为现金的来源。

32. B。流动负债（如应付账款、应计负债）增加被视为现金的来源。流动负债减少则被视为现金的使用。

33. A。应收账款周转天数通过计算公司在提供产品或服务后回收货款的天数来衡量公司的应收账款管理能力。应收账款周转天数越低，意味着公司能够在信贷销售后更快地收回货款。

34. C。应收账款周转天数等于应收账款除以销售收入，再乘以365天。

$$销售收入周转天数 = \frac{应收账款}{销售收入} \times 365$$

$$31天 = \frac{3亿美元}{35亿美元} \times 365$$

35. D。存货周转天数测算的是公司的存货自取得直至销售的天数。存货的增加被视为现金的使用。因此，公司会尽可能实现存货周转天数最小化，使存货尽可能快地流转出去，以减少资金的占用。

36. C。存货周转率测算的是公司在一年内存货周转的次数。

37. C。存货周转天数等于存货除以销货成本，再乘以365天。

$$存货周转天数 = \frac{存货}{销货成本} \times 365$$

$$80天 = \frac{5.25亿美元}{24亿美元} \times 365$$

38. A。存货周转率是用以衡量公司产品销售效率的一项指标，它等于销货成本除以存货。

$$存货周转率 = 销货成本/存货$$

$$4.6倍 = 24亿美元/5.25亿美元$$

39. D。应付账款周转天数测算的是公司购买的产品或服务所应支付款项的天数。应付账款周转率越高，表明在对外支付账单前现金被公司周转使用的时间越长。

40. A。应付账款周转天数等于应付账款除以销货成本，再乘以365天。

$$应付账款周转天数 = \frac{应付账款}{销货成本} \times 365$$

$$28天 = \frac{2.5亿美元}{33亿美元} \times 365$$

41. B。股权资本成本是公司的股权投资人期望获得的年收益率（包括股利）。通常使用资本资产定价模型来计算。

42. C。投资银行使用的无风险利率的替代指标可能不尽相同，一部分银行通常使用 10 年期国债收益率，而另一部分可能更愿意使用长期有价证券收益率。总体而言，一般会使用期限尽可能长的投资工具去匹配公司的存续期限（假设公司能够持续经营），但同样需要考虑可操作性。道衡公司（Duff & Phelps）使用通过内插法得到的 20 年期国债收益率作为无风险利率的替代指标。

43. C。市场风险溢价是预期市场回报率超过无风险利率的部分。不同的参考时间段，市场回报高于无风险利率的溢价（$r_m - r_f$）可能会有很大差异。据道衡公司（Duff & Phelps）计算，市场风险溢价接近7%。许多投资银行都有一个全公司范围的规范来管理市场风险溢价，以确保不同项目和部门的估值工作保持一致性。华尔街的股票风险溢价通常在5%到8%之间。

44. A。如下列示，通过资本资产定价模型计算股权资本成本，需用杠杆贝塔乘以市场风险溢价，然后在上述乘积的基础上再加上无风险利率。

$$\text{股权资本成本}(r_e) = \text{无风险利率} + \text{有杠杆贝塔} \times \text{市场风险溢价}$$

$$11.3\% = 3.0\% + 1.25 \times 6.6\%$$

45. B。社交媒体、建筑以及化工业的公司相比于公共事业类公司更具波动性及风险性。因此，公共事业领域的公司应拥有较低的贝塔值。

46. A。计算公式如下：

$$\beta_U = \frac{\beta_L}{1 + \frac{D}{E} \times (1-t)}$$

$$0.96 = \frac{1.25}{1 + 0.4 \times (1 - 0.25)}$$

其中：β_U = 无杠杆贝塔，
β_L = 有杠杆贝塔，
D/E = 债务与股权的比值，
t = 边际税率。

47. C。计算公式如下：

$$\beta_L = \beta_U \times \left[1 + \frac{D}{E} \times (1-t)\right]$$

$$1.34 = 1 \times [1 + 0.45 \times (1 - 0.25)]$$

其中：D/E = 目标债务与股权的比率。

48. C。自由现金流折现法基于已确定公司所有未来自由现金流的现值。由于无限期地对公司未来现金流进行预测是不可能的，因此使用终值来作为预测期后该公司的价值。

49. B。使用永续增长模型计算终值时，假设公司的期末自由现金流以假设的永续增长率增长。如下所示，这种方法依赖于加权平均资本成本的计算且需要假设公司长期、可持续的增长率（即永续增长率）。

$$终值 = \frac{自由现金流_n \times (1+g)}{r-g}$$

$$28.611亿美元 = \frac{2.5亿美元 \times (1+3\%)}{12\%-3\%}$$

其中：自由现金流 = 无杠杆自由现金流，
n = 预测期期末，
g = 永续增长率，
r = 加权平均资本成本。

50. A。使用年中折现会导致最终估值结果相较于年末折现法的估值结果更高，因为使用年中折现法时现金流流入的时间更早。

51. D。计算公式如下：

$$折现因子 = \frac{1}{(1+加权平均资本成本)^{(n-0.5)}}$$

$$4.725亿美元 = \frac{5亿美元}{(1+12\%)^{0.5}}$$

其中：n = 预测期对应的年份，
0.5 = 使用年中折现法扣除的半年期限。

52. A。当在预测期内使用年中折现时，对使用永续增长法计算的终值也采用年中折现，因为假设进行折现的永续未来自由现金流的生成贯穿全年。然而，退出乘数法则通常基于可比公司 LTM 交易乘数来计算日历年末的息税、折旧及摊销前利润（或息税前利润），故采用年末折现法。

53. C。计算公式如下：

$$= 1/[(1+\text{加权平均资本成本})^{\wedge}(n-0.5)]$$
$$= 1/[(1+10\%)^{\wedge}(4.5)]$$
注：年中折现

计算现值(单位：100万美元)

			预测期			
		2020年	2021年	2022年	2023年	2024年
无杠杆自由现金流		$100.0	$110.0	$120.0	$125.0	$130.0
加权平均资本成本	10.0%					
折现区间		0.5	1.5	2.5	3.5	4.5
折现因子		0.95	0.87	0.79	0.72	0.65
自由现金流的现值		$95.3	$95.3	$94.6	$89.5	$84.7

= 无杠杆自由现金流$_{2020}$ × 折现因子
= 1亿美元 × 0.95

= 退出年份EBITDA × 退出乘数
= 2.5亿美元 × 7.5×

终值

终止年份的EBITDA(2024E)	$250.0
退出乘数	7.5×
终值	$1 875.0
折现因子	0.62
终值的现值	$1 164.2

$$= 1/[(1+\text{加权平均资本成本})^{\wedge}n]$$
$$= 1/[(1+10\%)^{\wedge}5]$$
注：年中折现不适用于退出乘数法

企业价值(单位：100万美元)

自由现金流的现值	$459.5
终值	
终止年份的EBITDA(2024E)	$250.0
退出乘数	7.5×
终值	$1 875.0
折现因子	0.62
终值的现值	$1 164.2
占企业价值的比例	71.7%
企业价值	$1 623.7

= SUM(自由现金流$_{2020-2024}$，折现率10%)
= SUM(0.953亿美元:0.847亿美元)

= 终值 × 折现因子
= 18.75亿美元 × 0.62

= 终值的现值/企业价值
= 11.642亿美元/16.237亿美元

= 自由现金流$_{2020-2024}$ + 终值的现值
= 4.595亿美元 + 11.642亿美元

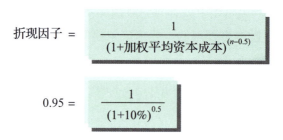

其中：n = 预测期对应的年份，

0.5 = 使用年中折现法扣除的半年期限。

54. A。如果无法找到可比公司确定退出乘数，则可使用永续增长法计算终值。永续增长法与退出乘数法通常交叉使用，以便相互进行合理性检查。

55. C。永续增长法和退出乘数法均要求公司在预测期末保持稳态，否则终值将出现偏差。

56. C。针对本题案例，首选方法是在满足目标资本结构的情况下，基于公司当前（或隐含）的信用评级以及可比公司的债务成本来估算目标公司的债务成本，在此过程中通常会咨询专业人士。

57. B。使用终值存在一个潜在缺陷：其对估值使用的变量非常敏感，并且在现金流折现法的估值结果中占据了75%甚至更大的比例。

58. A。规模溢价的概念是基于经验证据给出的，主要指规模越小的公司风险越大，因此其股权成本也相应更高。这种经验证据在一定程度上与资本资产定价模型相矛盾，其原理在于小型公司的交易量有限，与市场收益的协方差计算并不准确。如下所示，规模溢价可以加入资本资产定价模型的公式中，用以反映小公司所面临的较高风险。

$$r_e = r_f + \beta_L \times (r_m - r_f) + SP$$

其中：SP = 规模溢价（size premium）

59. 对于强周期性公司而言，如钢铁或木材公司，其销售水平随商品周期的变动而变动。因此，销售趋势通常表现出更强的波动性，并可能包含剧烈的波峰至波谷间的交替轮转，这取决于在预测期开始时公司所处经济周期的阶段。

60. 无论预测期的起点处于周期的哪个阶段，预测期末的财务业绩相对于周期的高点和低点，处于正常水平才是至关重要的。否则，现金流折现分析法中占据估值很大比例的终值将出现偏差。

61. 在利润表中，折旧有时会被剥离成一个单独的科目，但是通常被包含在销货成本中。在现金流量表中，折旧被加回到净利润，归入经营活动产生的现金流。在资产负债表中，折旧被从机器、设备及厂房期初余额中扣除。

62. 企业价值会下降。加权平均资本成本由基于公司在目标资本结构的债券成本和股权资本成本的加权平均得到。随着债务成本和股权资本成本的增加，未来现金流和终值以更大折现率进行折现。

63. 使用5%的市场风险溢价相比于使用8%的市场风险溢价会导致更高的估值结果。而折现率越高（资本的机会成本越高），则估值越低。

64. 使用自由现金流折现分析法的好处有：
    - **基于现金流**：反映预测自由现金流的价值，代表着比乘数法更加基本的估值方法
    - **独立于市场**：更加免受如泡沫和低迷时期等市场异常情形的影响
    - **自给自足**：在框定估值时并不完全依赖有可能存在，也有可能不存在的真正可比公司或可比交易案例；当目标公司的可比"完美单纯型"上市公

司非常有限或者完全不存在的时候，现金流折现分析法尤显重要
- **灵活性**：允许银行家运行多种财务绩效情形，包括提高或者下降增长率、利润率、资本性支出要求和营运资本效率

65. 进行自由现金流折现分析法时需考虑：
- **依赖财务预测数字**：准确预测财务绩效非常困难，特别是在预测期延长的情况下
- **假设条件的敏感性**：即使关键性假设条件相对变化很小，比如增长率、利润率、WACC或退出乘数，也有可能产生差异甚大的估值范围
- **最终价值**：终值的现值有可能在估值中占据高达3/4甚至更大的比重，从而降低了预测期内年度自由现金流的相关性
- **假设不变资本结构**：基本自由现金流折现分析法并不提供可以在预测期内改变公司资本结构的灵活性

第四章

杠杆收购（LBO）

1. 下列选项中，哪一项不属于典型的财务投资者？

    A. 私募股权公司

    B. 商业银行

    C. 对冲基金

    D. 风险投资公司

2. 下列选项中，哪些属于为财务投资者提供投资资本的第三方投资人？

    Ⅰ. 养老基金

    Ⅱ. 保险公司

    Ⅲ. 大学捐赠基金

    Ⅳ. 富裕家庭

    A. Ⅰ和Ⅱ

    B. Ⅰ和Ⅲ

    C. Ⅰ、Ⅲ和Ⅳ

    D. Ⅰ、Ⅱ、Ⅲ和Ⅳ

3. 下列选项中，哪一项不是投资银行融资承诺的组成部分？

    A. 承诺函

    B. 机构函

    C. 委托函

    D. 费率函

4. 下列选项中,哪一项不属于银行贷款机构?

   A. 商业银行

   B. 贷款共同基金

   C. 股权资产管理人

   D. 信用对冲基金

5. 下列选项中,哪一项不属于债券投资机构?

   A. 对冲基金

   B. 保险公司

   C. 不良债务基金

   D. 不动产投资基金

6. 下列选项中,哪一项不包括在针对信用额度的保密信息备忘录(CIM)之中?

   A. 投资亮点

   B. 财务预测

   C. 对票据的说明

   D. 行业概述

7. 在杠杆收购中,目标公司管理层通常以何种方式提供有形资产价值?

   A. 帮助收购方达成有利的融资条款

   B. 能够起草一个高质量的 10 – K

   C. 首次公开募股的经验

   D. 管理层仅提供无形效益

8. 下列哪一项不属于上市公司愿意进行私有化杠杆收购的原因?

   A. 《萨班斯·奥克斯利法案》的烦琐要求

   B. 进入股权资本市场

   C. 认为公开市场低估了公司价值

   D. 认为公共持股过于烦琐

9. 下列哪些公司可能成为杠杆收购的潜在候选对象？

　　Ⅰ．陷入困境的公司

　　Ⅱ．处于高度分散市场的公司

　　Ⅲ．业绩稳固的公司

　　Ⅳ．非核心子公司

　　A．Ⅲ和Ⅳ

　　B．Ⅰ、Ⅱ和Ⅲ

　　C．Ⅱ、Ⅲ和Ⅳ

　　D．Ⅰ、Ⅱ、Ⅲ和Ⅳ

10. 具备下列哪一项特点的公司有能力在杠杆收购中使得杠杆最大化？

　　A．增值收购记录

　　B．限制性条款

　　C．强大资产基础

　　D．巨额债务余额

11. 当评估杠杆收购候选公司的管理层时，并购发起人通常关注哪些因素？

　　Ⅰ．有增值收购记录

　　Ⅱ．使用杠杆资本结构的经验

　　Ⅲ．可观的薪酬

　　Ⅳ．实行毒丸计划的历史

　　A．Ⅰ和Ⅱ

　　B．Ⅰ和Ⅲ

　　C．Ⅱ、Ⅲ和Ⅳ

　　D．Ⅰ、Ⅱ、Ⅲ和Ⅳ

12. 下列哪些选项是财务投资者常用的退出策略？

　　Ⅰ．再融资

　　Ⅱ．首次公开募股

Ⅲ. 将股权出售给战略买家

Ⅳ. 将股权出售给其他出资人

A. Ⅱ和Ⅳ

B. Ⅰ、Ⅱ和Ⅲ

C. Ⅰ、Ⅲ和Ⅳ

D. Ⅱ、Ⅲ和Ⅳ

13. 下列选项中，哪一项并不意味着并购发起人实现了退出乘数的扩张？

    A. 以低于市场的乘数收购类似业务

    B. 进入一个新的高增长领域

    C. 效率提升

    D. 增加经营费用

14. 股息重组后，并购发起人在目标公司持有的原有股份得以保留的百分比是多少？

    A. 50%

    B. 80%

    C. 90%

    D. 100%

15. 下列选项中，哪一项是股息重组的缺点？

    A. 减少并购发起人股权

    B. 增加额外杠杆

    C. 现金回报

    D. 并购发起人保留原持有股份

16. 下列哪个原因促使并购发起人在无法全额退出时，选择推动杠杆收购目标公司上市？

    A. 实现部分收益变现并保留投资者未来潜在收益增长的机会

    B. 当前的并购市场可能给出高估值溢价

    C. 因有限合伙人协议约定被迫如此

    D. 因一般合伙人协议约定被迫如此

17. 下列哪一项不属于财务投资者推动杠杆收购目标公司上市的好处？
    A. 为并购发起人持有的目标公司剩余股权提供未来价值上行空间
    B. 保留并购发起人在未来时点溢价出售股权的灵活性
    C. 交易执行的便捷性及确定性
    D. 为并购出售提供潜在估值溢价

18. 将以下列示的融资来源按照优先程度从高到低进行排序。
    Ⅰ. 股权
    Ⅱ. 优先次级债务
    Ⅲ. 第一留置权担保债务
    Ⅳ. 高级无担保债务

    A. Ⅱ、Ⅰ、Ⅳ和Ⅲ
    B. Ⅲ、Ⅳ、Ⅱ和Ⅰ
    C. Ⅲ、Ⅳ、Ⅰ和Ⅱ
    D. Ⅳ、Ⅲ、Ⅱ和Ⅰ

19. 下列选项中，哪一项不是循环贷款信用额度的常规用途？
    A. 维持性资本支出
    B. 杠杆收购的部分购买款项
    C. 营运资本
    D. 长期资本投资

20. 在正常的市场环境中，循环贷款信用额度的承诺费率通常为多少？
    A. 5个基点
    B. 50个基点
    C. 200个基点
    D. 500个基点

21. 如果循环贷款被作为杠杆收购融资来源的一部分，它在新资本结构中的息票相对于其他债务工具而言有什么特点？

A. 最昂贵

B. 最廉价

C. 与高级票据相当

D. 不能作为杠杆收购的一种融资方式

22. 资产支持贷款通常由下列哪一项提供担保？

    A. 流动资产

    B. 流动负债

    C. 长期债务

    D. 养老金资产

23. 下列选项中，哪一项最有可能提供定期贷款 A？

    A. 公司高管

    B. 商业银行

    C. 夹层基金

    D. 股权资产管理人

24. 从财务投资者的角度出发，下列哪一项是以发行高收益债券作为杠杆收购融资方式的缺点？

    A. 提前偿还保护

    B. 宽松的限制性条款

    C. 更长期限

    D. 子弹式一次性还款（bullet amortization）⊖

25. 过桥贷款的期限通常为多长时间？

    A. 1 年

    B. 3 年

    C. 5 年

    D. 10 年

⊖ 通常指在贷款期限内前几年还款本金比例很小、最后一年集中还款的方式。——译者注

26. 平均而言，并购发起人的股权出资占杠杆收购融资总额的比例为多少？

    A. 10%

    B. 35%

    C. 70%

    D. 90%

27. 下列选项中，哪一项不会被贷方当作抵押品？

    A. 应付账款

    B. 应收账款

    C. 股票

    D. 机器、设备及厂房

28. 假设借款人100%的资产或抵押品由经营公司持有，则债务工具依照优先级的正确排序是什么？

    Ⅰ. 经营公司的高级无担保票据

    Ⅱ. 控股公司的高级折价票据

    Ⅲ. 经营公司的第一留置权担保债务

    Ⅳ. 经营公司的第二留置权担保债务

    A. Ⅱ、Ⅰ、Ⅲ和Ⅳ

    B. Ⅱ、Ⅲ、Ⅳ和Ⅰ

    C. Ⅲ、Ⅳ、Ⅰ和Ⅱ

    D. Ⅳ、Ⅲ、Ⅰ和Ⅱ

29. 将以下列示的债务工具按照期限从短到长进行排序。

    Ⅰ. 循环贷款

    Ⅱ. 高级次级票据

    Ⅲ. 高级票据

    Ⅳ. 定期贷款B

A. Ⅰ、Ⅳ、Ⅲ 和 Ⅱ

B. Ⅰ、Ⅲ、Ⅱ 和 Ⅳ

C. Ⅳ、Ⅲ、Ⅰ 和 Ⅱ

D. Ⅳ、Ⅲ、Ⅱ 和 Ⅰ

30. 提前偿还保护条款将在利率下降时缓和债券投资人面临的哪种风险？

    A. 信用风险

    B. 经营风险

    C. 再投资风险

    D. 展期风险

31. 下列哪一个选项不属于债务契约的分类？

    A. 财务性

    B. 限制性

    C. 否定性

    D. 肯定性

32. 财务维持性契约通常是针对什么类型的公司？通常含有触发契约条款的又是什么类型的债务？

    A. 上市公司；私人公司

    B. 私人公司；上市公司

    C. 高收益债券；银行债务

    D. 银行债务；高收益债券

33. 下列选项中，哪一项不属于财务维持性条款？

    A. 总杠杆最大值

    B. 高级担保债务杠杆最大值

    C. 股息支付最小值

    D. 利息偿付倍数最小值

34. 下列哪一类投资者不能被认定为合格机构投资者？

    A. 净资产低于 2500 万美元的散户投资者

B. 管理 2 亿美元资金的股权资产管理人

C. 拥有 5 亿美元投资资本的保险公司

D. 管理规模为 100 亿美元的共同基金

35. 根据财务维持性条款，杠杆比率在整个贷款期限内通常怎么变化？而偿付比率则通常怎么变化？

    A. 保持不变；上升

    B. 保持不变；下降

    C. 下降；上升

    D. 上升；下降

36. 一只债券以面值 1 000 美元成交且票面利率为 6.0%，其当前收益率为多少？

    A. 3.0%

    B. 6.0%

    C. 6.3%

    D. 6.5%

37. 一只债券以面值发行，票面利率为 7%，以 95 美元成交，则当前收益率等于多少？

    A. 7.0%

    B. 7.2%

    C. 7.4%

    D. 7.7%

38. 通常，有限合伙人支付给一般合伙人的管理费率为多少？

    A. 2%

    B. 5%

    C. 15%

    D. 20%

39. 公司发行的债券通常以何种频率支付利息？

    A. 每月支付

    B. 每季度支付

    C. 每半年支付

    D. 每年支付

40. 下列选项中，哪一项不是使用循环贷款的好处？

    A. 相比于其他债务而言期限更短

    B. 在期限内可被自由提取、偿付以及重复使用

    C. 低利率

    D. 由商业银行定向发行

41. 下列选项中，哪一项对杠杆收购估值的影响最大？

    A. 进入和退出乘数

    B. 税率

    C. 债务利率

    D. 债券的禁止赎回期

42. 针对银行债务和债券签署的法律文件分别为什么？

    A. 信贷协议；最终协议

    B. 债券契约；信贷协议

    C. 信贷协议；债券契约

    D. 债券协议；最终协议

43. 下列哪些选项是传统杠杆收购候选人应该具备的特点？

    Ⅰ. 强大的市场地位

    Ⅱ. 强周期性

    Ⅲ. 雄厚的资产基础

    Ⅳ. 投机性商业模式

    A. Ⅰ和Ⅱ

    B. Ⅰ和Ⅲ

C. Ⅱ和Ⅲ
D. Ⅲ和Ⅳ

44. 下列杠杆收购资本结构中的债务工具，哪些通常有担保，哪些通常无担保？

高收益债券	
循环贷款信用额度	
定期贷款	
夹层债务	
股权	
资产支持贷款额度	

45. 为什么单位美元 EBITDA 的可持续增长通常有利于单位美元债务的减少？

46. 相比于首次公开募股，出售股权的潜在优势有哪些？

47. 请描述扩张退出乘数的策略。

48. 请举两例说明信贷协议中的财务维持性条款。

49. 请画图说明合同优先级。

50. 请画图说明结构优先级。

第四章　答案及解析

1. B。"财务投资者"是指私募股权公司、投资银行的商业银行部门、对冲基金、风险投资基金以及特殊目的收购公司（Special Purpose Acquisition Companies，SPACs）等。

2. D。与私募股权机构共同投资的有限合伙人包括公共养老基金、企业养老基金、保险公司、捐赠基金和基金会、主权财富基金、富裕的家庭或个人。发起人和专业投资者也会在遇到特定的投资机会时使用自有资金进行投资。

3. B。一份投资银行融资承诺函包含：
   - 针对银行债务及过桥便利的承诺函（commitment letter）（承诺在收购完成后，如果债券发行部分在资本市场遇冷，则由贷方提供资金以替代债券融资）
   - 委托函（engagement letter）：委托投资银行代表债券发行人承销债券
   - 费率函（fee letter）：列出支付给投资银行的与融资活动相关的各种费率

4. C。银行贷款机构通常包括商业银行、储蓄贷款机构、财务公司，投资银行通常作为承销方。然而，机构贷款人大部分由对冲基金、养老基金、保险公司以及结构性投资工具组成。

5. D。债券投资人购买杠杆收购融资中发行的高收益债券。这其中包括高收益共同基金、对冲基金、养老基金、保险公司以及不良债务基金。

6. C。保密信息备忘录（CIM）是一项综合性文件，其中包含了关于未来各项交易、投资亮点、公司和行业的详尽描述、条款清单以及公司历史与未来财务状况。对票据的描述则包含在高收益债券的契约中。

7. A。在杠杆收购过程中，一个强大的管理层可以通过向潜在的信贷投资者展示有利的融资条件和有吸引力的定价机制来创造有形价值，并且为并购发起人提供合理的估值弹性。

8. B。上市公司及管理层有动机进行杠杆收购可能是因为公司的市场价值被低估，SEC和《萨班斯-奥克斯利法案》导致公司经营负担及成本过高（尤其对于小型公司而言），或是公司私有化后将提高运作效率。

9. D。杠杆收购候选人通常产生于大型公司的非核心部门或表现不佳的分支机构、被忽略或具备转型潜力的公司以及可实行补强收购策略并处于市场高度分散行业的公司。此外，一个潜在的杠杆收购候选人通常是一家表现稳健的公司，拥有令人信服的商业模式、稳固的竞争地位以及强劲的增长机会。对于已上市的杠杆收购候选人而言，并购发起人寻找的目标是被市场低估的、当前管理层没有充分发掘企业增长机会和运营效率的公司。

10. C。一个雄厚的资产基础作为贷款的抵押品，将增加贷款人在公司破产（或清算）时回收本金的概率，使得贷款人收益。这反过来也增强了贷款人为目标公司提供资金的意愿。目标公司的资产基础在杠杆贷款市场中至关重要，其价值有助于决定其可获得的银行贷款额度。

11. A。一个成熟的管理团队会增加杠杆收购候选人的吸引力（和价值）。在杠杆收购场景中，因为需要在高杠杆的资本结构下实现优异的业绩表现，因此有才干的管理层至关重要。并购发起人十分看重管理层在上述情形下类似于并购整合或实施重组计划的成功经验。

12. D。并购发起人通过将其购买的股权出售给其他公司或出资人或推动目标公司上市来实现退出。再融资是一种债务重构手段，并非并购发起人的退出策略。

13. D。并购发起人通过在整个投资期间尽职工作以实现退出乘数的扩张。实现更高退出乘数的策略包括：增加目标公司的规模（通过内生增长或并购）、经营管理的改进、将业务重新定位于具有更高价值的行业以及准确抓住行业周期和经济好转的契机。

14. D。股息资本重组令并购发起人获得了额外的好处,即能够100%保留已拥有的目标公司股权,从而保留了分享未来上行空间的权力以及在未来某一时点出售股权或进行首次公开募股的选择权。

15. B。在股息重组过程中,目标公司通过新增债务融资来支付股息。增量债务可能会以如下形式发行:现存信贷便利或债券的"附加"、控股公司的新增有价证券,或基于现有资本结构再融资。新增杠杆会降低发行人的信贷能力,从而提高其面临的整体风险。

16. A。尽管首次公开募股无法使并购发起人实现其股权的完全退出,但能够为其所持有股份提供流动性,同时为其保留了分享未来上行收益的机会。根据股权资本市场的情况,首次公开募股也可能比直接出售提供更具吸引力的估值溢价。

17. C。成功的首次公开募股运作及定价取决于多种因素,包括股权资本市场状况、投资者情绪、公司和行业业绩、管理层团队在路演上的表现等因素。

18. B。正确的顺序应为:
    Ⅰ. 第一留置权担保债务
    Ⅱ. 高级无担保债务
    Ⅲ. 优先次级债务
    Ⅳ. 股权

19. D。大部分公司利用循环贷款或类似的贷款为季节性营运资本需求、资本支出、信用证以及其他一般公司目的提供持续的流动性。循环贷款也可能被作为杠杆收购中收购价款的一部分,尽管其通常在交易结束时并未使用。长期项目的资本性支出通常依靠更长期限的融资方式。

20. B。为了补偿发放循环贷款的公司（该部分资金可能会也可能不会被使用，当该资金没有被提取时，借款人的投资回报更低），通常对于未使用的信贷额度会约定一个名义年度承诺费用。这项费用按日复利计算，根据借款人的信用状况，常见的年化承诺费率为 50 个基点。

21. B。一般来说，循环贷款是杠杆收购融资中费用最低廉的资本，其利率通常等于或略低于定期贷款利差。

22. A。资产支持贷款由借款人所有流动资产的第一高级留置权担保（通常是应收账款和存货），同时也可能由其他资产的第二高级留置权担保（通常是机器、设备及厂房）。

23. B。传统的银行贷款机构为循环贷款及分期偿还贷款提供资金，而机构贷款人则为更长期限的、有限的分期偿还贷款提供资金。银行贷款机构通常包括商业银行、储蓄和贷款机构、财务公司，投资银行通常作为承销方。

24. A。相对于银行贷款，发行人会因高收益债券相对宽松的财务契约（不包含维持性条款）、更长的期限以及无须强制性分期还款的特点而获得较多的灵活性。然而，高收益债券也存在劣势，它的赎回保护或不可赎回性对于债券发行人的退出策略会产生负面影响，因为这种特性使得私募股权公司不能提前退出。

25. A。过桥贷款是公司在有能力获得长期融资以前使用的一种短期贷款，其年限通常不超过一年。如果过桥贷款在一年后仍未偿还，借款人通常就要支付一笔转换费。

26. B。在杠杆收购的融资结构中，股权出资比例通常为 30%~40%，尽管这一区间可能因债务市场环境、公司类型以及购买乘数等因素而变化。

27. A。抵押品是指借款人为担保贷款或其他债务义务而质押的资产、财产或证券，当发生违约时可被没收或清算。它可以包括应收账款、存货、机器、设备及厂房、知识产权以及借款人或其子公司的普通股等。

28. C。正确的顺序应为：
    Ⅰ．经营公司的第一留置权担保债务
    Ⅱ．经营公司的第二留置权担保债务
    Ⅲ．经营公司的高级无担保票据
    Ⅳ．控股公司的高级折价票据

29. A。正确的顺序应为：
    Ⅰ．循环贷款
    Ⅱ．定期贷款 B
    Ⅲ．高级票据
    Ⅳ．高级次级票据

    银行债务的期限通常较短，循环贷款的期限通常为 5～6 年，机构定期贷款的期限通常为 7 年（有时为 7 年半）。历史数据显示，高收益债券的期限通常为 7～10 年。杠杆收购融资结构包含多个债务工具（如循环贷款、机构定期贷款以及债券），循环贷款会在机构定期贷款之前到期，而机构定期贷款会在债券之前到期。因此，债务工具按照期限由短至长的正确排序应为循环贷款、定期贷款、高级票据、高级次级票据。

30. C。赎回溢价是一种保护投资者的条款，避免债券发行人在到期前以更有吸引力的收益率进行再融资，从而降低投资者在市场利率下行时所面临的再投资风险。再投资风险是指债券投资人在持有期间收到的利息用于再投资所能实现的收益率可能会低于当初购买该债券时的收益率。

31. B。信用协议和债券契约中的限制性条款旨在防止借款人或发行人的信用状况恶化，主要包含三种类别，分别为肯定性条款、否定性条款和财务条款。

32. D。虽然信贷协议和债券契约中的限制性条款大部分是相似的，但是一个关键的区别在于传统银行贷款通常设置财务维持性条款，而高收益债券在此方面的限制较为宽松。

33. C。财务维持性条款要求借款人通过维持特定的财务比率或每季度进行测试，始终保持特定的信用状况。财务维持性条款同时也被用来限制借款人采取某些可能不利于贷款人的行为。（如资本性支出超过规定的数额。）

34. A。合格机构投资者是指至少拥有或投资（可自由支配）1亿美元证券的机构。

35. C。要求的维持性杠杆率在整个贷款期限内通常呈下降趋势，同期伴随着利息偿付倍数的上升。这就要求借款人根据其提交给辛迪加银团的财务预测情况，通过偿还债务或提高现金流来改善其信用状况。

36. B。票面利率是指债券发行人支付给投资者的利息百分比。一个以1 000美元面值出售，票面利率为6%的债券，当前收益率为6%。

37. C。当前收益率应等于利息总额除以当前债券价格，即 $7/95 = 7.36\%$。

38. A。为了补偿一般合伙人对基金的管理，有限合伙人通常每年按1%~2%的承诺资本向一般合伙人支付管理费。此外，一旦有限合伙人的收益达到了事先约定的投资收益门槛，一般合伙人通常可获得投资利润的20%作为业绩分成（附带权益）。

39. C。公司通常每半年向债券持有人支付一次利息。

40. A。相对于其他机构贷款，期限较短是循环贷款的一个劣势。一家公司需要延展其既有循环贷款信用额度或取得新的额度时，需要支付额外的费用。

41. A。进入和退出假设对杠杆收购估值和内部报酬率的影响最大。第二大影响因素通常是债务的使用率。最后是收入增长。

42. C。信贷协议针对银行贷款,而债券契约则针对债券。

43. B。虽然几乎没有限定规定,但是传统的杠杆收购候选者存在一些共性,概括如下:

- 强劲的现金流产生能力
- 领先且稳固的市场地位
- 增长机会
- 增强经营效率的机会
- 较低的资本性支出要求
- 强有力的资产基础
- 成熟的管理团队

44. 答案如下:

高收益债券	未担保
循环贷款信用额度	担保
定期贷款	担保
夹层债务	未担保
股权	未担保
资产支持贷款额度	担保

45. 债务减少会给股东权益带来同数额增长,但是单位美元 EBITDA 的持续增长将通过退出乘数而放大价值效应。

46. 直接出售的优势在于可以实现完全退出并提前收回现金。这样做使得出售方无须承担因市场条件变动而对未来股票发行或最终出售公司产生影响的风险。

47. 实现更高退出乘数的策略包括增加目标公司规模、改进经营管理效率、将业务重新定位于具有更高价值的行业、加快目标公司的内生增长率和盈利能力以及准确抓住经济周期性上升趋势等。

48. 例如高级担保债务与 EBITDA 的比值、总债务与 EBITDA 的比值和 EBITDA 与利息费用的比值等。

49. 合同优先级是指公司内部同一法人实体下债务工具的优先地位。

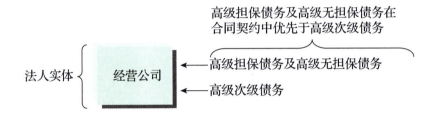

50. 结构优先级是指非同一法人实体下债务工具的优先地位。

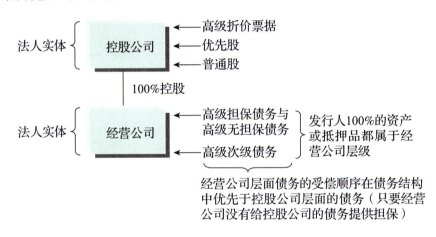

第五章

LBO 分析

1. 根据下列假设条件，计算 Value 公司的企业价值及股权收购价格。

假设（单位：100 万美元）	
截至 2019 年 9 月 30 日，过去 12 个月 EBITDA 利润	$700.0
收购时的 EBITDA 乘数	8.0×
总负债	1 500.0
现金及现金等价物	250.0

   a. 计算企业价值

   b. 计算股权收购价格

2. 根据上题计算得出的企业价值及股权收购价格以及下列假设数据，回答后面的问题并将资金来源及表中的科目补充完整（计算结果四舍五入至整数）。

假设（单位：100 万美元）	
新增循环贷款额度（收购结束时未使用的部分）	$250.0
高级有担保杠杆	4×
总杠杆	5.2×
股权出资比例	35%
库存现金	250.0
要约收购/赎回溢价	20.0
融资费用	100.0
其他费用及支出	30.0
*假设 Value 公司的债务全部再融资	

(单位：100 万美元)

资金来源		资金使用	
循环贷款额度	A)	购买 Value 公司股权	
定期贷款 B	B)	偿还现有债务	
高级票据	C)	要约/赎回溢价	
股权出资	D)	融资费用	
库存现金		其他费用及支出	
资金来源合计	E)	**资金使用合计**	

a. 计算 Value 公司循环贷款额度

___

b. 计算定期贷款 B

___

c. 计算高级票据

___

d. 计算财务投资人的股权出资额

___

e. 计算资金来源总额

___

3. 根据上题计算得出的公司资金来源及使用金额，以及下列公司在 2019 年初的资产负债表，回答后面的问题并将对应科目的年末预估值在表中补充完整（请注明所有调整项）。

资产负债表 (单位：100 万美元)

	2019 年初	调整项 +	调整项 −	预计 2019 年末
现金及现金等价物	$250.0			
应收账款	450.0			
存货	600.0			
预付款及其他流动资产	175.0			
流动资产合计	$1 475.0			A)
固定资产净值	2 500.0			
商誉	1 000.0			B)

（续）

无形资产	875.0	
其他资产	150.0	
递延融资费用	–	
资产合计	**$ 6 000.0**	C)
应付账款	215.0	
应计负债	275.0	
其他流动负债	100.0	
流动负债合计	**$ 590.0**	
循环贷款额度	–	
定期贷款 A	–	
定期贷款 B	–	
定期贷款 C	–	
存续定期贷款	1 000.0	
第二留置权	–	
高级票据	–	
存续高级票据	500.0	
高级次级票据	–	
其他债务	–	
递延所得税	300.0	
其他长期负债	110.0	
负债合计	**$ 2 500.0**	D)
非控股股东权益	–	
股东权益	3 500.0	
股东权益合计	**$ 3 500.0**	
负债及所有者权益合计	**$ 6 000.0**	E)
平衡检验	0.000	0.000

a. 计算 2019 年末预计流动资产余额

b. 计算 2019 年末预计商誉

c. 计算 2019 年末预计资产总额

d. 计算 2019 年末预计负债总额

e. 计算 2019 年末预计股东权益

4. 根据上题确定的杠杆收购融资结构，以及下列假设数据，计算在交易结束时 Value 公司的预计利息费用、偿付能力系数及杠杆比率。

假设 （单位：100 万美元）	
循环贷款利率定价	LIBOR +4.25%
未使用部分的贷款承诺费	0.5%
机构代理费用	150 000.0
定期贷款 B 利率定价	LIBOR +4.25%
高级票据票面利息率	8.0%
预计 2019 年资本性支出	157.5
融资费用摊销年限	8 年

信用比率 （单位：100 万美元）	
截至 2019 年 9 月 30 日，LTM EBITDA	$ 700.0
利息费用	A)
资本性支出	157.5
EBITDA/利息费用	B)
(EBITDA – 资本性支出)/利息费用	C)
高级有担保债务/EBITDA	D)
总负债/EBITDA	E)

a. 计算 Value 公司未来一年的预计利息费用

b. 计算 EBITDA 与利息费用的比值

c. 计算剔除资本性支出后的 EBITDA 与利息费用比值

d. 计算高级有担保债务杠杆比率

e. 计算总杠杆比率

5. 根据上题计算结果以及下列资产负债表数据，假设定期贷款 B 每年的偿还比例为 1%，将 Value 公司未来一年的现金流量表补充完整（假设所有现金流均被用于偿还债务）并回答相关问题。

资产负债表数据 (单位：100 万美元)	2019 年	2020 年
流动资产		
应收账款	450.0	483.8
存货	600.0	645.0
预付款及其他流动资产	175.0	188.1
流动负债		
应付账款	215.0	231.1
应计负债	275.0	295.6
其他流动负债	100.0	107.5

现金流量表 (单位：100 万美元)	2020 年
经营活动	
净利润	$235.9
加：折旧	166.9
加：摊销	55.6
加：融资费用摊销	14.0
营运资本变动项	
加：应收账款减少额/减：增加额	A)
加：存货减少额/减：增加额	
加：预付及其他流动资产减少额/减：增加额	
加：应付账款增加额/减：减少额	B)
加：应计负债增加额/减：减少额	
加：其他流动负债增加额/减：减少额	
加：净营运资本减少额/减：增加额	
经营活动现金流	C)
投资活动	
资本支出	(166.9)
投资活动现金流	($166.9)

	（续）
融资活动	
定期贷款 B	D)
融资活动现金流	
净现金增加	E)
期初现金余额	
期末现金余额	

a. 计算 Value 公司应收账款的期间变动额，并判断上述额度属于现金的来源还是使用

b. 计算 Value 公司应付账款的期间变动额，并判断上述额度属于现金的来源还是使用

c. 计算 2020 年经营活动现金流

d. 计算 2020 年定期贷款 B 偿还金额

e. 计算 2020 年净现金增加（如果有的话）

6. 假设财务投资人于 2024 年末出售 Value 公司，其退出乘数与收购乘数相等，则根据下表提供的期末债务余额，计算退出时的企业价值和股权价值。

计算财务投资人退出时的企业价值和股权价值 *（单位：100 万美元）*	
	第 5 年 2024 年
预计 2024 年 EBITDA	$929.2
退出时的 EBITDA 乘数	A)
退出时的企业价值	B)
减：净负债	–
循环贷款额度	–
定期贷款 B	1 050.8
高级票据	850.0
总负债	
减：现金及现金等价物	–
净负债	C)
退出时的股权价值	D)

a. 适用于 2024 年预计 EBITDA 的 EBITDA 乘数是多少

b. 计算退出时企业价值

c. 计算财务投资人退出时的净负债

d. 计算财务投资人退出时股权价值

7. 根据上题的假设数据及计算结果，确定财务投资人在 2024 年（第 5 年）退出时的内部报酬率及现金收益。

（单位：100 万美元）

	预计值 2019 年	第 1 年 2020 年	第 2 年 2021 年	第 3 年 2022 年	第 4 年 2023 年	第 5 年 2024 年
初始股权投资	A)					
退出时的股权价值					–	–
合计		–	–	–	–	B)
内部报酬率	C)					
现金收益	D)					

a. 计算财务投资人的初始股权出资额

b. 计算财务投资人退出时的股权价值

c. 计算内部报酬率

d. 计算现金收益

8. 下列哪一个行业不属于高杠杆行业？
   A. 科技行业
   B. 电缆行业

161

C. 工业

D. 博彩业

9. 如果一个私募股权公司以 4 亿美元的价格入股一家公司，并在第 5 年末以 10 亿美元的价格退出，则内部报酬率是多少？

   A. 19.5%

   B. 20.1%

   C. 25.7%

   D. 26.7%

10. 如果一个私募股权公司以 2.25 亿美元的价格入股一家公司，并在第 5 年末以 8.2 亿美元的价格退出，则现金回报倍数是多少？

    A. 2.5 倍

    B. 3.5 倍

    C. 3.6 倍

    D. 4.0 倍

11. 使用下表中的数据，分别计算定期贷款 B、资金来源及使用的金额。

    （单位：100 万美元）

资金来源		资金使用	
定期贷款 B		购买 Value 公司股权	$825.0
高级票据	300.0	偿还存续负债	300.0
股权出资额	385.0	融资费用	20.0
库存现金	25.0	其他费用及支出	15.0
资金来源合计		资金使用合计	

    A. 3 亿美元；10 亿美元

    B. 3.2 亿美元；14.25 亿美元

    C. 4.5 亿美元；11.6 亿美元

    D. 无法确定

使用下表中的数据回答 12~14 题。

(单位：100 万美元)

财务数据					
	2019 年	2020 年	2021 年	2022 年	2023 年
总负债	$4 000.0	$3 500.0	$3 000.0	$2 500.0	$2 000.0
利息费用	600.0	465.0	400.0	330.0	240.0
EBITDA	730.0	775.00	805.0	850.0	900.0

12. 公司 2023 年的利息偿付倍数和含义是什么？

    A. 3.4×，说明公司信用状况相较 2019 年有所改善

    B. 3.4×，说明公司信用状况相较 2019 年有所恶化

    C. 3.8×，说明公司信用状况相较 2019 年有所改善

    D. 8.3×，说明公司信用状况相较 2019 年有所恶化

13. 在 2019—2023 年期间，公司的总杠杆如何变化？

    A. 下降

    B. 上升

    C. 保持不变

    D. 无法确定

14. 在 2019—2023 年期间，公司信用状况如何变化？

    A. 恶化

    B. 增强

    C. 保持不变

    D. 无法确定

15. 在正常的市场环境下，下列哪一项为杠杆收购的合理总杠杆率？

    A. EBITDA 的 3 倍

    B. EBITDA 的 5 倍

    C. 净利润的 5 倍

    D. 销售收入的 1 倍

16. 对于潜在的债务借款人而言，通常设定杠杆收购模型的预测期限为多久？

    A. 1～2 年

    B. 3～4 年

    C. 7～10 年

    D. 15 年以上

17. 通常由谁来决定杠杆收购的融资结构？

    A. 目标公司 CEO

    B. 发起人

    C. 投资银行

    C. 股东

18. 在评估杠杆收购过程中，财务投资人通常将内部收益率的门槛设定为多少？

    A. 5%

    B. 10%

    C. 20%

    D. 40%

19. 下列选项中，哪一项不是杠杆收购分析摘要汇总页的核心组成部分？

    A. 资金的来源与使用

    B. 信用比率

    C. 收益分析

    D. 债务偿还计划

20. 在下列哪种情况下，战略买家会使用杠杆收购分析？

    A. 需要确定公司的举债能力

    B. 需要确定在资产竞拍过程中，财务投资人竞拍时所能支付的竞标价格

    C. 辅助可比公司分析

    D. 战略买家不使用杠杆收购分析

21. 下列选项中，哪些变量属于在杠杆收购分析中进行敏感性分析的关键变量？

    Ⅰ．购买价格

    Ⅱ．融资结构

    Ⅲ．历史股息

    Ⅳ．退出乘数

    A．Ⅰ和Ⅱ

    B．Ⅱ和Ⅲ

    C．Ⅰ、Ⅱ和Ⅳ

    D．Ⅰ、Ⅱ、Ⅲ和Ⅳ

22. 在有组织的并购销售过程中，哪些是 LBO 模型所用到的管理层财务数据预测值的主要来源？

    A．可比公司分析

    B．研究预测

    C．第三方信息提供者

    D．保密信息备忘录

23. 下列选项中，哪一项历史财务数据与构建并使用杠杆收购分析的关联性最小？

    A．销售收入增长情况

    B．EBITDA 和 EBIT

    C．资本性支出

    D．利息费用

24. 下列选项中，哪一种方案不是杠杆收购分析中用到的典型经营情景预测方案？

    A．SEC 预测方案

    B．基准情景预测方案

    C．悲观情景预测方案

    D．财务投资人预测方案

25. 下列选项中，哪一项不是现金流量表中的常规科目？

    A. 经营活动现金流

    B. 融资活动现金流

    C. 投资活动现金流

    D. 收购活动现金流

26. 商誉是如何形成的？

    A. 支付给目标公司的每股溢价

    B. 并购交易所产生的协同效应

    C. 支付给目标公司的金额超出其可辨认净资产的部分

    D. 目标公司资产负债表账面价值的减少

27. 如果以 8.25 亿美元收购一家拥有 7 亿美元可辨认净资产的公司，则商誉为多少？

    A. 1.25 亿美元

    B. 7 亿美元

    C. 15.25 亿美元

    D. 无法确定

28. 下列选项中，哪一项不是美国公认会计准则的主要财务报表？

    A. 债务偿还计划表

    B. 利润表

    C. 资产负债表

    D. 现金流量表

29. 在杠杆收购分析中，下列哪几项属于对资产负债表年初值进行的典型调整？

    Ⅰ. 扣除新增杠杆收购债务

    Ⅱ. 扣除现存的股东权益

    Ⅲ. 增加递延融资费用

    Ⅳ. 增加产生的商誉

A. Ⅰ 和 Ⅱ

B. Ⅱ 和 Ⅲ

C. Ⅰ、Ⅱ 和 Ⅳ

D. Ⅱ、Ⅲ 和 Ⅳ

30. 如何预测资本性支出？

    A. 从保密信息备忘录中获得

    B. 依靠可比公司分析

    C. 通过详细的库存盘查

    D. 依靠第三方信息提供者

31. 为什么预测资本性支出对于杠杆收购分析非常重要？

    A. 有助于潜在买家评估其投资期限

    B. 因为资本性支出反映了现金的使用情况及自由现金流的减少情况

    C. 因为买家更青睐于存在大额维护性资本支出的公司

    D. 因为买家更青睐于存在大额成长性资本支出的公司

32. 年度递延融资费用_____。

    A. 仅产生于杠杆收购交易

    B. 被排除在杠杆收购完成后的模型

    C. 仅与定期贷款工具有关

    D. 属于非现金支出

33. 使用下表中的数据，计算年度融资费用。

计算融资费用 (单位：100 万美元)		
	贷款规模	费率（%）
定期贷款 B	$500.0	1.75%
高级票据	300.0	2.25%

A. 1 250 万美元

B. 1 350 万美元

C. 1 450 万美元

D. 1 550 万美元

34. 为什么在构建债务偿还计划表时需要用到远期 LIBOR 曲线？

    A. 因为经营活动产生的现金流取决于 LIBOR

    B. 因为投资活动产生的现金流取决于 LIBOR

    C. 因为 LIBOR 是计算定期贷款利息费用的依据

    D. 因为 LIBOR 是计算高级票据利息费用的依据

35. 杠杆收购模型中的现金流归集是什么？

    A. 目标公司在完成强制性债务偿还后剩余的所有现金均被用于选择性提前偿还剩余债务

    B. 目标公司在完成强制债务偿还后剩余的所有现金均被用于支付股利

    C. 将三张财务报表关联起来

    D. 财务投资人在杠杆并购交易中使用更多的是股权融资而非债务融资

36. 平均利息费用常用的计算方法是什么？

    A. 对不同层次的债务利息费用进行加权平均

    B. 以年度中期为时点来计算利息费用

    C. 在计算利率时考虑不同债务的期限

    D. 在计算利率时考虑到特定债务的偿还贯穿整个年度，而并非仅发生于期初或期末的时点

37. 在评估交易提案时，下列选项中的哪一项不是评估目标公司信用状况的核心信息？

    A. 现金流产生能力

    B. 偿付能力

    C. 杠杆收购前的利息支付能力

    D. 信用比率

38. 在杠杆收购分析中，通常对财务投资人的退出乘数进行怎样的设定？

    A. 等于或低于进入乘数

    B. 高于进入乘数

    C. 等于最接近的竞争者

    D. 高于最接近的竞争者

39. 退出年份不同，内部报酬率会如何变化？

    A. 在投资期限内保持恒定

    B. 由于增长率下降和货币时间价值而下降

    C. 无限增长

    D. 前五年持续增长，随后逐年下降

40. 下列选项中，哪一项对内部报酬率影响最小？

    A. 利率

    B. 购买价格

    C. 预计财务表现

    D. 融资结构

41. 下列选项中，哪一项不是高收益债券的优点？

    A. 没有维持性条款

    B. 不要求强制性摊销

    C. 更长的期限

    D. 不可提前赎回

42. 如何处理杠杆收购中的交易费用？

    A. 同融资费用一样进行摊销

    B. 确认为费用

    C. 计入股票收购价格

    D. 杠杆收购中不存在并购费用

43. 如何计算可用于偿还债务的现金流量？

    A. 经营活动和投资活动产生的现金流总和

    B. 投资活动和融资活动产生的现金流总和

    C. 经营活动、投资活动及融资活动产生的现金流总和

    D. 等于融资活动产生的现金流

44. 定期贷款 B 每年的摊销还款比例通常是多少？

    A. 1%

    B. 3%

    C. 5%

    D. 20%

45. 在杠杆收购模型的预测期间内，高级票据的余额如何变化？

    A. 下降

    B. 下降，但通常会被转换为股权

    C. 增长

    D. 保持不变

46. 在杠杆收购中如何处理实物支付（PIK）行为？

    A. 被视为现金利息费用

    B. 被视为现金利息费用，但不适用于平均利息费用方法

    C. 加回现金流量表中的经营活动产生的现金流

    D. 加回现金流量表中的融资活动产生的现金流

47. 如果一家公司拥有价值2.5亿美元的循环贷款额度，但是该公司不打算将其作为杠杆收购融资来源，那么循环贷款额度的期初余额是多少？

    A. 0

    B. 125 万美元

    C. 1.25 亿美元

    D. 2.5 亿美元

48. 杠杆收购分析的主要作用是什么？

49. 如何通过杠杆收购分析来分析并构建公司的融资结构？

50. 如何通过杠杆收购分析来确定目标企业价值？

51. 为什么在构建杠杆收购模型时，利息费用的历史数据没有意义？

52. 如何计算可用于选择性偿还债务的现金？

53. 通常有哪些错误会导致资产负债表不平衡？

54. 如何确定收购目标为一家上市公司的收购价格？若为非上市公司呢？

55. 递延融资费用是如何产生的？

56. 为什么杠杆收购分析中通常会确立一个估值范围的下限？

57. 利润表与资产负债表及现金流量表的勾稽关系是什么？

第五章 答案及解析

1. 计算企业价值及股权收购价格。

> =收购时的EBITDA乘数 × LTM EBITDA
> = 8.0 × 7亿美元

收购价格 *(单位：100万美元)*	
购入时的EBITDA乘数	8.0×
截至2019年9月30日，LTM EBITDA	700.0
企业价值	**$ 5 600.0**
减：总负债	(1 500.0)
加：现金及现金等价物	250.0
股权收购价格	**$ 4 350.0**

> = 企业价值−总负债+现金及现金等价物
> = 56亿美元−15亿美元+2.5亿美元

a. 56亿美元。企业价值应等于收购时的EBITDA乘数与LTM EBITDA的乘积。（8.0×7亿美元）

b. 43.5亿美元。股权收购价格应等于企业价值减去总负债再加上现金及现金等价物。（56亿美元 − 15亿美元 + 2.5亿美元）

2. 计算资金的来源与使用情况。

(单位：100万美元)

资金来源		资金使用	
循环贷款额度	–	购买 Value 公司股权	$ 4 350.0
定期贷款 B	2 800.0	偿还存续负债	1 500.0
高级票据	850.0	要约/赎回溢价	20.0
股权出资额	2 100.0	融资费用	100.0
库存现金	250.0	其他费用及支出	30.0
资金来源合计	**$ 6 000.0**	**资金使用合计**	**$ 6 000.0**

a. 0。假设在交易完成时未提取循环贷款

b. 28亿美元。定期贷款B的本金等于LTM EBITDA与高级担保杠杆的乘积

计算定期贷款 B 本金 (单位：100 万美元)	
截至 2019 年 9 月 30 日，LTM EBITDA	$700.0
高级担保杠杆	4×
定期贷款 B 本金	$2 800.0

c. 8.5 亿美元。高级票据的本金等于 LTM EBITDA 乘以总杠杆与高级担保杠杆的差额。5.2× − 4×

计算高级票据本金 (单位：100 万美元)	
截至 2019 年 9 月 30 日，LTM EBITDA	$700.0
杠杆增量	1.2×
高级票据本金	$850.0

d. 21 亿美元。财务投资人的股权出资额应等于资金来源总额扣除定期贷款 B、高级票据以及库存现金后的结果

计算股权出资额 (单位：100 万美元)	
资金来源总额	$6000.0
减：定期贷款 B	(2 800.0)
减：高级票据	(850.0)
减：库存现金	(250.0)
股权出资额	$2 100.0

e. 60 亿美元。资金来源总额应等于定期贷款 B、高级票据、股权出资额以及库存现金的总和

计算资金来源总额 (单位：100 万美元)	
定期贷款 B	$2 800.0
高级票据	850.0
股权出资额	2 100.0
库存现金	250.0
资金来源合计	$6 000.0

3. 资产负债表的调整项。

(单位：100万美元)

资金来源			资金使用		
循环贷款额度	–		购买Value公司股权	4 350.0	E
定期贷款B	2 800.0	A	偿还存续负债	1 500.0	F
高级票据	850.0	B	要约/赎回溢价	20.0	G
股权出资额	2 100.0	C	融资费用	100.0	H
库存现金	250.0	D	其他费用及支出	30.0	I
资金来源合计	$6 000.0		资金使用合计	$6 000.0	

（续）

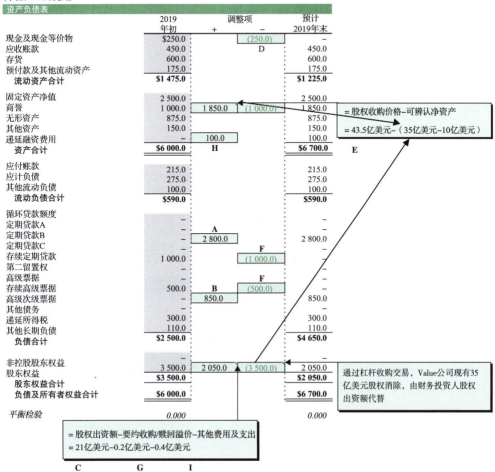

a. 12.25 亿美元。预计 2019 年末流动资产总额等于现金及现金等价物、应收账款、存货、预付费用及其他流动资产的总和。(0 + 4.5 亿美元 + 6 亿美元 + 1.75 亿美元)

b. 18.5 亿美元。预计 2019 年末商誉等于 2019 年初商誉账面价值加上杠杆收购交易中的增加值。(10 亿美元 + 18.5 亿美元 – 10 亿美元)

c. 67 亿美元。预计 2019 年末资产总额等于流动资产总额，固定资产净值，商誉，无形资产，其他资产及递延融资费用的总和。（12.25 亿美元 + 25 亿美元 + 18.5 亿美元 + 8.75 亿美元 + 1.5 亿美元 + 1 亿美元)

d. 46.5 亿美元。预计 2019 年末负债总额等于流动负债总额、定期贷款 B、优先次级票据、递延所得税及其他长期负债的总和。（5.9 亿美元 + 28 亿美元 + 8.5 亿美元 + 3 亿美元 + 1.1 亿美元）

e. 67 亿美元。预计 2019 年末负债及所有者权益总额等于负债总额与所有者权益的总和。（46.5 亿美元 + 20.5 亿美元）

4. 预计 2019 年末利息费用及信用比率指标。

a. 2.485 亿美元。预计第 1 年利息费用等于未使用部分的贷款承诺费、定期贷款 B 利息费用、高级票据利息费用、融资费用摊销及机构代理费用的总和。即：（2.5 亿美元 × 0.50%）+（28 亿美元 × 5.95%）+（8.5 亿美元 × 8%）+（1 亿美/8 年）+15 万美元

b. 2.8×。EBITDA 与利息费用的比值等于 LTM EBITDA 除以利息费用（7 亿美元/2.485 亿美元）

c. 2.2×。(EBITDA – 资本性支出)/利息费用等于 LTM EBITDA 与资本性支出的差，再除以利息费用。即：(7 亿美元 – 1.575 亿美元) / 2.485 亿美元

d. 4×。高级担保债务/EBITDA 等于高级担保债务账面值除以 LTM EBITDA。(28 亿美元/7 亿美元)

e. 5.2×。债务合计/EBITDA 等于总负债除以 LTM EBITDA。(36.5 亿美元/7 亿美元)

5. 现金流量表。

= 净利润+折旧+摊销+融资费用摊销+营运资本净值的（增加）/减少
= 2.359亿美元+1.669亿美元+0.556亿美元+0.14亿美元−0.476亿美元

= 应付账款余额（2020E）−应付账款余额（2019E）
= 2.311亿美元−2.15亿美元

= 应收账款余额（2019E）−应收账款余额（2020E）
= 4.5亿美元−4.838亿美元

现金流量表 (单位：100万美元)	2020年
经营活动	
净利润	$235.9
加：折旧	166.9
加：摊销	55.6
加：融资费用摊销	14.0
营运资本变动项	
应收账款减少(或增加)	(33.8)
存货减少(或增加)	(45.0)
预付及其他流动资产减少(或增加)	(13.1)
应付账款增加（或减少）	16.1
应计负债增加（或减少）	20.6
其他流动负债增加（或减少）	7.5
净营运资本减少(或增加)	(47.6)
经营活动现金流	**$424.8**
投资活动	
资本支出	(166.9)
投资活动现金流	**($166.9)**

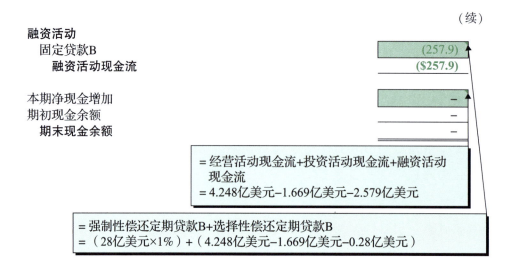

a. -0.338亿美元。2020年应收账款变动等于2019年应收账款余额减去2020年应收账款余额。(4.5亿美元-4.838亿美元)资产类账户余额的增加意味着现金流出(在现金流量表中以负值计入),而资产类账户的减少意味着现金流入。

b. 0.161亿美元。2020年应付账款变动等于2020年应付账款余额减去2019年应付账款余额。(2.311亿美元-2.15亿美元)负债类账户余额的增加意味着现金流入,而负债类账户余额的减少(在现金流量表中以负值计入)意味着现金流出。

c. 4.248亿美元。经营活动现金流等于净利润、折旧、摊销、融资费用摊销之和,再减去营运资本净值的增加额(或加上营运资本净值的减少额)。(2.359亿美元+1.669亿美元+0.556亿美元+0.14亿美元-0.476亿美元)

d. 2.579亿美元。2020年定期贷款B偿还金额等于强制性偿还及选择性偿还金额的总和。即:(28亿美元×1%)+(4.248亿美元-1.669亿美元-0.28亿美元)。

e. 0。期间净现金增加为0,它等于经营活动现金流、投资活动现金流以及融资活动现金流的总和。(4.248亿美元-1.669亿美元-2.579亿美元)

6. 财务投资人退出时的企业价值及股权价值。

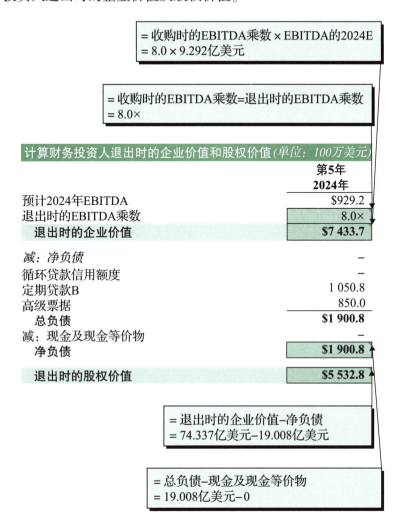

a. 8×。在传统杠杆收购分析中，通常会保守地假设退出时的EBITDA乘数等于（或低于）收购乘数。

b. 74.337亿美元。退出时的企业价值等于2014年EBITDA预计值与退出时的EBITDA乘数的乘积。（9.292亿美元×8.0）

c. 19.008亿美元。退出时的净负债等于总负债扣除现金及现金等价物。（19.008亿美元－0）

d. 55.328亿美元。退出时的股权价值等于退出时的企业价值扣除净负债。（74.337亿美元－19.008亿美元）

7. 内部报酬率与现金收益。

a. 21 亿美元。财务投资人的初始股权出资额即题目 2 中已计算得到的股权出资额。

b. 55.328 亿美元。财务投资人退出时的股权价值已在题目 6 中计算得出。

c. 21%。所谓内部报酬率，即反映了财务投资人进行股权投资的总体回报率，计算方法如下：

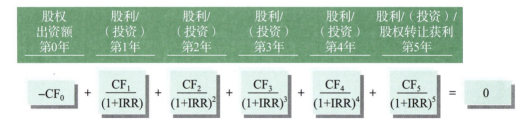

在 Excel 中，使用内部报酬率的计算公式（输入初始股权投资以及股权退出价值）[即：IRR(−21 亿美元:55.328 亿美元)]

d. 2.6×。现金收益等于退出时的股权价值除以初始股权出资额。（即：55.328 亿美元/21 亿美元）

8. A。对于强周期性行业（例如科技产业），资本市场及评级机构对其杠杆水平采取较为保守的观点，以确保公司得到适当的资本化从而可以度过艰难的周期性低谷。从另一角度而言，在现金流高度可预见的公司（如电缆产业、工业、博彩业）通常更有能力维持高杠杆的资本结构。

9. B。计算方法如下：

10. C。除内部报酬率之外，财务投资人也会通过测算其投资的现金回报倍数（即"现金收益"）。然而，与内部报酬率不同的是现金收益法不考虑时间价值。现金收益由退出时的股权价值除以初始股权出资额得到。

11. C。如下表所示，资金来源总额与资金使用总额相等。定期贷款 B 的账面价值应等于资金来源总额扣除高级次级票据、股权出资额及库存现金后的余额。

= 资金来源总额−高级次级票据−股权出资额−库存现金
= 11.6亿美元−3亿美元−3.85亿美元−0.25亿美元

（单位：100万美元）

资金来源		资金使用	
定期贷款B	450.0	购买Value公司股权	$825.0
高级次级票据	300.0	偿还存续负债	300.0
股权出资额	385.0	融资费用	20.0
库存现金	25.0	其他费用及支出	15.0
资金来源合计	$1 160.0	资金使用合计	$1 160.0

= 资金来源总额=资金使用总额
= 11.6亿美元

12. C。利息偿付倍数等于 EBITDA 除以利息费用。由公式可知，利息偿付倍数越高，说明公司越有能力履行偿还义务，因此信用状况也更好。

13. A。总负债在4年中减半。因此由总负债除以 EBITDA 求得的公司杠杆率也随之下降。

14. B。总杠杆率随利息偿付倍数的升高而下降,预示着公司信用状况的改善。

15. B。在过去10年中,杠杆收购交易的信用比率指标的均值呈现出很大的波动性。从2002年开始,杠杆收购的总负债与 EBITDA 的比率通常为3.9倍。到2007年,这一比率则达到了6.1倍的峰值,呈现出对借款人/发行人非常有利的局面。随着2008—2009年信用危机期间的信贷收紧,杠杆收购交易中的信用比率指标向有利于贷款人/投资人的方向倾斜,而对借款人/发行人变得不利。在经济大萧条之后,杠杆收购的杠杆水平大幅上升,从2009年的4倍提升到2018年的6倍。

16. C。从债务融资角度出发,杠杆收购模型的预测期通常为7～10年,以便于与资本结构中期限最长的债务工具匹配。

17. B。投资银行与财务投资人紧密合作,针对特定交易制定适合客户的融资方案。但是最终,财务投资人会根据自身偏好选择最优的杠杆收购融资结构(通常是综合多家银行给出的最优融资方案)。

18. C。财务投资人做出收购的最终决定会受到多种因素的影响,其中收购交易能否满足可接受的内部报酬率尤为关键。通常而言,财务投资人选择的收购目标要满足有限合伙人要求的收益率门槛,符合历史"经验法则"的门槛通常为20%。然而这个门槛可能会因市场条件、投资风险及特定情况下的其他因素而上升或下降。

19. D。杠杆收购分析摘要以用户友好型的界面对杠杆收购进行概述,通常包含资金的来源与使用、收购乘数、收益分析摘要、财务数据摘要、预计资本总额以及信用比率等方面的信息。

20. B。对于战略买家而言，杠杆收购分析（与其他估值方法一起）被用于匡算估值范围，并通过分析其他财务投资人愿意支付给目标公司的价格制定估值和竞标策略。

21. C。杠杆收购的估值结果是综合考量多个关键变量后的结论，如财务预测、购买价格、融资结构、退出乘数以及退出年份等。通过对上述关键变量进行敏感度分析得到内部报酬率的变动区间。

22. D。当进行杠杆收购分析时，首先要收集、整理和分析所有可得的有关目标公司本身、其所属行业以及本次杠杆收购交易细节的全部信息。在有组织的竞卖过程中，卖方顾问通常会向潜在买家提供构建初始杠杆收购模型所需的基础数据以及包括目标公司财务预测在内的相关细节资料。上述细节资料通常包含在保密信息备忘录中，额外的信息会通过目标公司的管理层路演及资料室（data room）提供。

23. D。构建杠杆收购前模型时，历史利润表通常只计算至息税前利润，因为经过杠杆收购资本化重组以后，过往年份的利息费用和净利润与公司未来业绩表现的相关性不大。

24. A。所谓"基准情景预测方案"，通常是以管理层假设为前提，根据交易团队的独立尽职调查、研究和观点进行调整的。银行内部信贷委员会同样要求交易团队分析目标公司在单个或多个压力情景下的债务偿还能力，即所谓的"悲观情景预测方案"。交易团队最终用于起草交易条款的操作方案是由财务投资人提供的，即所谓的"财务投资人预测方案"。

25. D。现金流量表包含三个部分：经营活动现金流、投资活动现金流以及融资活动现金流。

26. C。商誉是指并购所支付的价格超出目标公司可辨认净资产价值的部分。商誉在资产负债表中贯穿整个投资过程，无须摊销但每年要进行减值测试。

27. A。商誉应等于股权收购价格与目标公司可辨认净资产价值的差额。

28. A。主要财务报表包括利润表、资产负债表以及现金流量表。

29. D。对资产负债年初科目的典型调整包括扣除现存股东权益、增加递延融资费用、增加并购产生的商誉、增加偿还的债务以及在某些情景下可能出现的要约或赎回溢价。

30. A。预计资本性支出的假设通常源于保密信息备忘录。当资本性支出预测值无法获得时,银行家通常会以历史资本支出占销售收入的固定比例来预测资本性支出,并根据周期性变动及非经常性项目进行适当调整。

31. B。资本性支出是隶属于投资活动的核心科目。在预估目标公司固定资产净值时需加入资本性支出并扣除折旧。而每年经营活动现金流与投资活动现金流的总和可用以偿还债务,通常被称为自由现金流。

32. D。递延融资费用摊销属于非现金支出,因此需要对杠杆收购后现金流量表的净利润科目做加回调整。

33. D。具体计算过程如下:

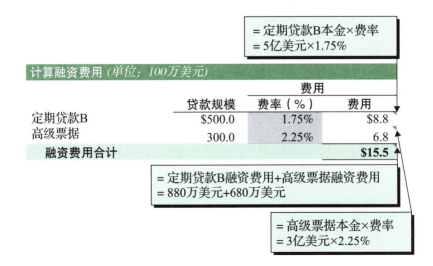

34. C。对于浮动利率债务工具而言，例如循环信用贷款及定期贷款，利率通常基于LIBOR加上一个固定的利差。因此，在预计未来每年的利息费用时，银行家首先必须确定预测期内的LIBOR估计值。

35. A。一个典型的杠杆收购模型通常会包含"百分之百现金归集"的假设条件，即目标公司在完成强制性债务偿还后的所有剩余现金均被用于其他债务（通常是银行债务）的选择性偿还。为构建模型，银行债务通常按照以下顺序依次进行偿还：循环贷款、定期贷款A、定期贷款B。

36. D。在杠杆收购模型中，银行家通常选用平均利息支出方法来确定年度利息费用。这种做法考虑了偿还银行债务的真实情况，即还款行为贯穿全年，而非仅发生于年初或年末的时点。不同层次债务的年平均利息费用等于期初与期末债务余额的均值乘以对应的年利率。

37. C。在进行杠杆收购交易前，需要对现金流的产生能力、债务偿付能力以及信用状况的改善情况（如：债务与EBITDA的比值，EBITDA与利息费用的比值）进行深入分析。通常，银行希望银行债务能够在规定期限内偿还完毕。

38. A。杠杆收购交易中，通常保守地约定退出乘数等于或低于进入乘数。

39. B。内部报酬率随着增长率的下降以及货币时间价值而下降。

40. A。影响内部报酬率的主要因素包括：目标公司的未来财务状况、股权收购价格、融资结构（特别是股权融资规模）、退出乘数以及退出年份。正如所预期的那样，财务投资人寻求以最低的购买价格和股权出资额购买有理由相信未来财务状况表现良好，并预计能在退出时获得合理估值的目标公司。

41. D。相对于银行贷款，发行人会因高收益债券相对宽松的财务契约、更长的期限以及无须强制性摊销还款的特点而获得较强的灵活性。然而高收益债券不包含可赎回条款，这会对财务投资者的退出策略产生负面影响。

42．B。其他费用及支出通常包括因并购顾问、法律、财务、咨询等服务所产生的费用，还包括其他与交易有关的杂费。上述成本属于杠杆收购资金来源与使用的范畴，应在计算股权出资额前剔除。

43．A。每年预计可用于偿还债务的现金流等于现金流量表中的经营活动现金流和投资活动现金流之和。上述现金将首先被用于强制性债务偿还，剩余部分则被用于其他债务的选择性偿还。

44．A。定期贷款额度在协议签署后被全部使用，并在信贷协议中约定了摊还计划表。鉴于不同层次的定期贷款的摊销还款时间表也不尽相同，故针对定期贷款B这种在到期日一次性偿还本金的子弹式贷款，标准做法是以贷款本金的1%作为年摊销还款比例。

45．D。与传统银行贷款不同，发行高收益债券在到期进行一次性偿还之前，没有强制性偿还要求。因此，在杠杆并购模型中无须假设在到期日前对高收益债券进行偿付，其在预测期限内的期初及期末余额是相等的。

46．C。在信用市场活跃期间，公司可以以有利于发行人的条款发行债券，如发行实物支付债券。实物支付债券允许发行人自行选择以派发额外票据还是现金的方式支付利息。在分析含有实物支付债券的公司资本结构中，非现金利息被包含在利息费用总额中，因此需要对现金流量表的经营活动现金流做加回调整。

47．A。如果没有将循环贷款额度作为杠杆收购融资的一部分，那么初始余额为零。然而，公司仍然需要对未提取的循环贷款额度支付年度承诺费。

48．杠杆收购分析被视为杠杆收购情境下评估融资结构、投资回报以及目标公司估值的核心分析工具。

49. 杠杆收购分析能帮助银行家在预测期内和多种经营情景方案下，根据现金流产生能力、债务偿付能力、信用比率对融资结构进行分析。

50. 杠杆收购分析同时也是并购分析工具中不可或缺的组成部分。它被财务投资人、银行家及其他财务专家在可接受的收益前提下，用以匡算目标公司的估值范围。估值范围是综合财务预测、收购/退出价格以及融资结构等多种假设条件的结果。

51. 当目标公司通过杠杆收购的方式完成重组，债务和资本结构将发生显著变化。因此，目标公司在杠杆收购前的年度利息费用和净利润与未来的财务业绩相关性不大。

52. 每年预计可用于偿还债务的现金流等于现金流量表中经营活动现金流和投资活动现金流之和。在预测期间内的每一年，上述现金流首先用于强制性的债务偿还，剩余现金流则用于可选择性的债务偿还。

53. 导致资产负债表不平衡的常见错误包括：折旧或资本性支出没有很好地与固定资产净值关联起来，或是资产负债表科目变动没有很好地反映在现金流量表中。

54. 对于一家上市公司，股权收购价格等于目标公司每股要约价格乘以该公司全面稀释后的普通股份数，然后再加上净负债即得到隐含企业价值。对于一家非上市公司，企业价值等于 LTM EBITDA 乘以收购乘数。

55. 首先用不同层次债务的费率乘以对应层次已经使用的债务额度。不同层次债务的年度递延融资费用等于该层次债务总费用除以对应层次的债务期限（以年为单位）。

56. 杠杆收购受到杠杆承受能力、信贷市场环境以及财务投资人自身设定的内部报酬率门槛等因素的限制。此外,战略性买家通常能够受益于并购所带来的协同效应,这增强了其在更高的购买价格基础上实现预期收益的能力。

57. 预测期间内每年的净利润从利润表关联到现金流量表中的第一个科目。此外,净利润以留存收益的形式作为股东权益的增项计入资产负债表中。

第六章

卖方并购

1. 以下哪一项不是竞价出售的潜在缺陷？

   A. 信息泄露

   B. 投标人可能相互串通

   C. 员工士气可能会受到负面影响

   D. 可能排除了最高出价人

2. 宽泛竞价的优势包括：

   Ⅰ. 限制收购方的谈判筹码

   Ⅱ. 具有保密性

   Ⅲ. 能够接触到所有潜在的收购方

   Ⅳ. 赋予董事会履行受托责任的信心

   A. Ⅱ和Ⅳ

   B. Ⅰ，Ⅲ和Ⅳ

   C. Ⅱ，Ⅲ和Ⅳ

   D. Ⅰ，Ⅱ，Ⅲ和Ⅳ

3. 针对性竞价的潜在缺点不包括以下哪一项？

   A. 可能将特定买家排除在外

   B. 业务中断的风险极高

   C. 未将竞争动态最大化

   D. 收购方有更多谈判筹码

4. 在评估战略性买家时，以下哪一项是最不重要的标准？

   A. 收购方的并购业绩记录

   B. LBO 融资方案

   C. 文化融合

   D. 战略融合

5. 在评估潜在的财务投资者时，以下哪一项最不相关？

   A. 基金合伙人的数量

   B. 基金规模

   C. 投资策略

   D. 重点关注行业

6. 在第一轮竞价出售中，最主要的两个营销文件是什么？

   A. 目标公司简介和保密协议

   B. 目标公司简介和保密信息备忘录

   C. 目标公司简介和投标程序函

   D. 投标程序函和保密协议

7. 一般而言，目标公司简介中不包括下列哪一项？

   A. 公司简介

   B. 详细的财务数据及管理层讨论分析

   C. 投资亮点

   D. 卖方顾问的联系方式

8. 哪种机构可能需要卖方投资银行制作修订版保密信息备忘录（CIM）？

   A. 作为上市企业的收购方

   B. 与目标企业为竞争对手的收购方

   C. 财务投资者

   D. 国际收购方

9. CIM 是否包含公司的潜在收购方？

    A. 偶尔包含

    B. 只在针对战略性收购方的修正版 CIM 中包含

    C. 包含

    D. 不包含

10. 在第一轮并购协商中，买方通常会提供以下哪些信息？

    Ⅰ. 购买价格的假设

    Ⅱ. 购买价格

    Ⅲ. 目标企业管理层及员工在未来的安排

    Ⅳ. 签署及达成交易的关键条件

    A. Ⅱ和Ⅲ

    B. Ⅰ，Ⅱ和Ⅳ

    C. Ⅱ，Ⅲ和Ⅳ

    D. Ⅰ，Ⅱ，Ⅲ和Ⅳ

11. 捆绑式融资是指什么？

    A. 投标人的融资承诺证明

    B. 卖方投资银行提供预先打包的融资方案

    C. 在融资结构中只使用定期贷款

    D. 只使用固定利率的债务工具

12. 以下哪一项不包含在最终投标函之中？

    A. 融资承诺证明

    B. 意向购买价格区间

    C. 需要的监管机构批准

    D. 确认报价具有约束力

13. 重大不利变化可以导致_____。

    A. 允许投标竞争对手重新进入投标程序

B. 能够允许收购方退出交易

C. 允许政府阻止交易

D. 授权管理机构阻止交易

14. 哪些机构受聘提供公允意见？

Ⅰ. 承担卖方顾问的投资银行

Ⅱ. 不是卖方顾问的投资银行

Ⅲ. 为卖方提供法律咨询的律师事务所

Ⅳ. 受雇于卖方企业的咨询公司

A. Ⅰ和Ⅱ

B. Ⅰ和Ⅳ

C. Ⅱ和Ⅲ

D. Ⅲ和Ⅳ

15. 以下哪部法律对完成并购交易至关重要？

A. 1933年《格拉斯—斯蒂格尔法案》

B. 1976年《哈特—斯科特—罗迪尼奥反垄断改进法案》

C. 1999年《格雷姆—里奇—比利雷法案》

D. 2002年《萨班斯—奥克斯利法案》

16. 如果收购方在对价中支付的股份超过交易前已对外发行普通股的_____，则收购方需要获得股东批准。

A. 10%

B. 15%

C. 20%

D. 25%

17. 在两阶段并购过程中，收购方的要约收购通常需要买入多少比例的股份才能实行挤出方案？

A. 50%

B. 60%

C. 70%

D. 90%

18. 如果收购方需要在资本市场融资，那么融资的营销过程通常在何时启动？

　　A. 在第一轮竞价之前

　　B. 在第二轮竞价结束之前

　　C. 在第二轮竞价之后

　　D. 在签署最终协议之后

19. 以下哪一项不是协议出售的优势？

　　A. 将目标企业存在"污点"的可能性降至最低

　　B. 通常能在最短时间内签署协议

　　C. 最高的保密性

　　D. 确保能够联系所有潜在投标人

20. 协议出售通常由谁发起？

　　A. 消费者

　　B. 收购方

　　C. 监管机构

　　D. 律师事务所

21. 以下哪一项不是股东支持公司收购另一家公司的充分理由？

　　A. 目标公司被低估

　　B. 获得市场份额

　　C. CEO 希望管理更大的公司

　　D. 目标公司拥有收购方想要或者需要的重要资产

22. 以下哪一项是对"排他性"（no-shop）条款的描述准确？

　　A. 高管用来阻止公司出售

B. 董事会用来阻止公司出售

C. 避免财务投资者在签署最终协议后的一段特定时间内寻求其他收购交易

D. 避免卖方在签署收购协议后寻求第三方报价

23. 单方终止协议（break-up）补偿一般占报价的_____。

    A. 1%~5%

    B. 5%~10%

    C. 10%~15%

    D. 15%~20%

24. 在起草制定保密信息备忘录（CIM）时，下列哪一方与卖方投资银行的沟通最少？

    A. 委托企业的CEO

    B. 委托企业的CFO

    C. 委托企业的各部门主管

    D. 委托企业的投资关系部门主管

25. 典型的竞价出售通常持续多长时间？

    A. 3~6个月

    B. 4~6周

    C. 24个月

    D. 20天

26. 收购方通常有多少时间来对目标企业进行评估并提交第一轮投标报价？

    A. 4~6个月

    B. 4~6周

    C. 24个月

    D. 20天

27. 以下哪些营销文件包含了详细的财务预测信息？

   Ⅰ. 最终投标函

   Ⅱ. 保密信息备忘录（CIM）

   Ⅲ. 管理层陈述

   Ⅳ. 目标公司简介

   A. Ⅰ和Ⅱ

   B. Ⅱ和Ⅲ

   C. Ⅱ和Ⅳ

   D. Ⅰ，Ⅲ和Ⅳ

28. 以下哪些是保密协议的关键条款？

   Ⅰ. 信息使用

   Ⅱ. 期限

   Ⅲ. 允许披露的事项

   Ⅳ. 竞业禁止/禁止聘用

   A. Ⅰ和Ⅳ

   B. Ⅱ和Ⅲ

   C. Ⅱ和Ⅳ

   D. Ⅰ，Ⅱ，Ⅲ和Ⅳ

29. 以下哪一个文件概述了提交第一轮投标的细节与流程？

   A. 最终投标程序函

   B. 目标公司简介（teaser）

   C. 初始投标程序函

   D. 保密协议

30. 以下哪一项是收购方与被收购方就目标企业达成正式协议的关键法律文件？

   A. 保密协议

B. 契约

C. 最终收购/出售协议

D. 信贷协议

31. 以下哪一个事件通常标志着竞标程序的启动？

    A. 收到 CIM 和管理层预测

    B. 管理层路演并访问资料室

    C. 联系收购方并分发目标公司简介

    D. 收到潜在收购方的最终投标

32. 以下哪一个事件通常标志着第二轮竞标程序的启动？

    A. 收到潜在收购方的最终投标

    B. 管理层路演并访问资料室

    C. 收到 CIM 和管理层预测

    D. 联系收购方并分发目标公司简介

33. 以下哪些选项是最终协议的关键条款？

    Ⅰ. 声明与保证

    Ⅱ. 成交条件

    Ⅲ. 历史财务概况

    Ⅳ. 经营概况

    A. Ⅰ和Ⅱ

    B. Ⅰ和Ⅲ

    C. Ⅲ和Ⅳ

    D. Ⅰ，Ⅱ，Ⅲ和Ⅳ

34. 如果被收购方是一家上市公司，由股东在正式的股东大会上投票决定是否批准或否决拟议中的并购交易。这种并购交易通常被称为_____并购。

    A. 338（h）（10）

    B. 两阶段

C. 一阶段

D. 资产交易

35. 如果被收购方是一家上市公司，根据最终协议允许要约报价直接递交给股东，并且在达到特定条件后，非要约份额会被挤出的并购交易通常被称作_____并购。

   A. 一阶段

   B. 资产交易

   C. 338（h）(10)

   D. 两阶段

36. 在最有利方案的情况下，两阶段并购大约需要多长时间？

   A. 10 天

   B. 2 周

   C. 5～6 周

   D. 6 个月

37. 分别列出宽泛竞价的利与弊（各两点）。

   利：

   　　Ⅰ._____

   　　Ⅱ._____

   弊：

   　　Ⅰ._____

   　　Ⅱ._____

38. 在什么情况下，进行针对性竞价比进行宽泛竞价更合适？

_____
_____
_____
_____

39. 为什么企业通常会雇用卖方并购顾问？

40. 在什么情况下，卖方顾问会建议进行协议出售？

41. 在一项针对性竞价中通常要联系多少参与者？在宽泛性竞价中呢？

   针对性竞价：_____

   宽泛竞价：_____

42. 按顺序列出竞价出售从开始到结束的关键阶段。

   - _____
   - _____
   - _____
   - _____
   - _____

43. 竞价过程中的第一轮竞价与第二轮竞价是什么？

   第一轮竞价：_____

   第二轮竞价：_____

44. 为什么在并购交易中，目标企业的财务预测非常重要？

45. 什么是目标公司简介？它通常包含哪些内容？

46. 何时将目标公司简介分发给潜在收购方？

47. 在哪一阶段分发 CIM？对于卖方而言，在分发前有哪些关键事项决定了是否分发？

48. 资料室的主要功能是什么？它的基本组成部分是什么？

49. 管理层路演的目的是什么？通常由谁来进行？

50. 什么是买方尽职调查？买方一般通过什么方式在收购过程中进行尽职调查？

第六章 答案及解析

1. D。竞价是将一个目标企业推销给多个潜在收购方的多阶段过程。其潜在缺陷主要在于投标人可能向市场泄露信息、对员工士气可能造成负面影响、投标人之间相互串通、中标者可能会削弱卖方的谈判筹码（从而重新议价），以及失败的竞价会给公众留下不好的印象。

2. B。保密性不是宽泛竞价的优势。在宽泛竞价中，目标企业需要向市场上众多的战略性投资者以及财务投资者进行要约邀请以实现价值最大化，这通常会导致信息泄露。增强竞争态势并最大化出售价格是竞价出售的最终目的。

3. B。宽泛竞价的最大风险在于业务中断。针对性竞价的其他缺点包括可能排除出价最高的买方，以及在缺乏市场数据的情况下董事会不能确认是否尽责实现了股东价值最大化。

4. B。在评估战略投资者时，银行首先要关注是否战略匹配，包括潜在的协同效应。通常取决于企业规模、资产负债状况、融资能力以及风险偏好的财务能力或者偿付能力也是审查的重要指标。在评估潜在的战略投资者时，其他因素也至关重要，如文化匹配度、并购业绩记录、现有管理层的未来安排、预测的相对市场地位（包括对反托拉斯法的考虑）以及对现有客户和供应商的影响。另一方面，杠杆收购融资对财务投资者尤为重要。

5. A。在评估潜在财务投资者时，关键标准包括其投资策略或投资重点、行业经验、资金规模、历史业绩、与现有项目投资组合的匹配度、基金生命周期以及融资能力。作为评估过程的一部分，若是财务投资者的投资组合中包括能够与目标企业存在优势互补的企业，这类财务投资者通常会更受项目团队偏爱。

6. B。在第一轮投标中，两个主要的营销文件是目标公司简介以及保密信息备忘录（CIM）。目标公司简介通常只有 1~2 页，它是呈递给潜在收购方的第一份营销文件。CIM 是一份详细的目标企业介绍（通常在 50 页以上），它是竞价过程中最重要的营销文件。

7. B。目标公司简介在保密协议签署之后发放，不包含详细的财务数据及管理层讨论分析。但是，CIM 包含了关于管理层对公司过去及未来业绩的详尽的阐释。

8. B。修订版 CIM 是为某些特定的战略投资者而准备的，这些战略投资者通常为目标企业的竞争对手，目标企业担忧未修订版的 CIM 可能会向他们披露敏感性信息。

9. A。在某些情况下，CIM 为战略投资者与财务投资者提供了额外的财务信息以帮助他们为目标企业制定潜在的增长/收购方案。例如，卖方顾问会与管理层合作编制一份潜在的收购机会清单（通常是匿名的），包括销售收入和 EBITDA 的预期增长情况。

10. D。所有选项都是收购方在第一轮投标时应该提供的。此外还应包含融资结构方面的考虑，例如融资来源、必需的审批以及预计完成的时间。

11. B。捆绑式融资是指执行竞价程序的投资银行（或者指定的第三方银行）为潜在的财务投资者提供一个预先打包的融资组合以支持目标企业的出售。尽管收购方没有义务必须使用捆绑式融资，但这也是卖方顾问释放的强烈支持信号，表示会为买方进行交易提供必要的融资支持。

12. B。尽管意向购买价格区间在初始投标函中十分普遍，但是最终投标函中的购买价格必须是一个确定的数字。最终投标函还包括最终协议草案的异议标注、完成尽职调查的证明以及董事会的批准。

13. B。重大不利变化（material adverse charge，MAC）或者重大不利影响（material adverse effects，MAE）是最终协议里高度可协商的条款。在签署

协议后，若是目标企业遭遇重大不利情况或者发生重大不利影响事件，收购方有权终止交易。

14. A。历史上，承担卖方顾问角色的投资银行通常会发表公允意见。但是近年来，越来越多的人质疑这些投资银行是否可以客观地评估目标企业。因为投资银行的大部分收入基于交易的达成，并且他们可能为收购方提供捆绑式融资服务，因此作为卖方顾问的投资银行有促成交易完成的利益动机而不能保持客观独立。

15. B。美国大多数并购交易的主要监管要求源于1976年的《哈特-斯科特-罗迪尼奥反托拉斯改进法案》（HSR法案）。根据交易的规模，《HSR法案》要求并购交易的双方分别向联邦贸易委员会（FTC）和司法部反垄断部门（DOJ）递交通知与报表。

16. C。若收购支付股票对价超过交易前已发行普通股数量的20%，则收购方需要获得股东的批准。

17. D。上市公司的收购可以是协议出售或进行两阶段要约收购。在两阶段并购的第一阶段，股权收购要约在目标公司批准最终协议的情况下，直接发给目标公司股东。如果收购的股票达到了设定的必要门槛（通常为90%），那么收购方就可以接着实施后端"简短形式"的兼并（第二步），挤出剩余的上市公司股东而无须获得全部股东的批准。

18. D。收购方应该在签署最终协议后启动市场融资，以便在结束交易的所有条件都被满足时快速地完成融资。

19. D。协议出售在目标企业与收购方之间进行，因此不是所有的潜在收购方都会参与。协议出售的优势主要包括目标企业业务中断的可能性较小，并且这也是可靠的收购方愿意参与交易的唯一前提。

20. B。协议出售通常由收购方发起，可能是长达数月甚至数年的调研，也可能是收购双方高层之间直接讨论，抑或是为了在竞价过程中抢占先机（"抢先投标"）。

21. C。企业的CEO想要管理一家更大的公司不能构成收购另一家公司的充分理由。促成两家企业合并的关键因素是：收购方通过并购能够获得相较于自建新工厂更快的成长、进入新的市场、收购方想获得目标企业的客户群以及协同效应。

22. D。"排他性"条款由收购双方签署以避免卖方寻求第三方收购提案。这项条款规定卖方不能在交易达成后寻求其他可能比原收购方报价更高的买家。

23. A。终止协议费用通常占报价的1%~5%。如果买方退出交易，需要将这笔费用支付给卖方以补偿后者为执行交易所花费的时间和资源。

24. D。项目团队通常会花大量时间（通常为数周）与目标企业的CEO、CFO以及部门主管合作起草将递送给潜在收购方的CIM。

25. A。传统竞价的投标程序一般分为两轮，通常持续3~6个月，从决定出售一直持续到与中标者签署最终购买/出售协议（"最终协议"）。达成交易所需的时间取决于各种各样的因素，这些因素包括监管机构或者第三方机构的批准、融资能力以及股东的批准，并不针对某一项特定交易。

26. B。潜在收购方通常有4~6周的时间评估目标企业并递交第一轮投标报价。

27. B。CIM包含了详细的历史的和预测的财务信息并附有管理层对上述信息的讨论和分析（MD&A），这些数据为潜在收购方进行初步的估值分析提供了基础。管理层陈述通常以幻灯片的形式呈现并同时派发纸质版材料。幻灯片展示的内容与CIM的内容一一对应，但更为简洁。

第六章 卖方并购

28. D。保密协议的关键条款还包括保密信息的归还、暂停收购协议（Standstill agreement）以及对合谋的限制。

29. C。初始投标程序函在分发 CIM 后递送给潜在收购方，其内容包括买家需要提交书面的、不具约束力的初步收购意向书的日期和时间（"第一轮投标"）。初始投标程序函也定义了投标书中应该包含的内容信息。

30. C。最终收购/出售协议是收购双方间具有法律约束力的合约，详细说明了交易的法律条款及付款条件。上市公司和私有公司的最终协议在内容上有所不同，虽然文件的基本格式一样，包含交易结构/交易机制的综述、陈述与保证、交易完结前承诺（包括限制性契约规定）、交易完结条件、协议终止条款和赔偿条款（如果适用的话），以及披露计划表和图示。

31. C。与潜在收购方接触标志着第一轮投标的开始，也标志着竞价过程的正式启动。通常以卖方顾问（并购银行或者与特定买方联系紧密的银行）的高级成员致电潜在收购方为开端。

32. B。第二轮投标的重点是促进潜在收购方进行详细的尽职调查和分析，以保障他们能够在到期日前提交准确、理想及有约束力的报价。管理层路演一般标志着第二轮投标的正式开始，通常持续一个工作日。连同管理层路演与现场考察一起，目标企业的资料室同时向第二轮的潜在收购方开放。

33. A。除此以外，最终协议还包含交易结构/交易机制的综述、声明与保证、交易完结前承诺（包括限制性契约规定）、交易完结条件、协议终止条款和赔偿条款（如果适用的话）。

34. C。如果是上市公司的"一站式"（one-step）兼并交易，目标股东要根据相关法律在一次正式的股东大会上投票决定批准或否决所建议的交易。在该股东大会前必须给股东发送一份委托声明书，描述交易情况、所涉及相关方和其他重要信息。

35. D。在两阶段并购流程的第一阶段,目标公司批准最终协议后直接面向目标公司的公开股东提出要约收购。股权收购的诸多前提条件包括获得足够的股东同意,以确保买方能够在启动该要约后的20个工作日内收购目标的大部分(或者绝大部分,如果适当的话)股票。如果收购股票的份额达到了设定的必要门槛(一般为90%),收购方就可以接着实施后端"简短形式"(short form)的兼并(第二阶段),挤出剩余的上市股东而无须获得全部股东的批准。

36. C。如果是挤出情形,整个过程的完成要比一站式兼并快得多。如果所要求的股票数量得以收购,兼并会在之后不久(比如当天或者几天内)生效。总体而言,这种交易可以在短短的5周内完成。

37. 利:
    - 最大限度地保持竞争态势并且最可能实现最高的出售价格
    - 确保能够接触到所有潜在买家

    弊:
    - 难以满足保密要求
    - 失败的竞价会让市场认为目标企业的资产存在缺陷("污点")

38. 如果潜在收购方是非常明确的几家企业,或者卖方希望在企业内部和外部都很好地保密,那么针对性收购是更为合适的选择。

39. 鉴于并购交易的风险很高,企业需要具备专业技能的投资银行。比如,卖方顾问通常拥有与买方的合作关系、行业知识、建模与估值方面的专家、执行操作经验以及专有的资源。

40. 当存在一个明显能产生协同效应的收购方,并且其准备发起抢先竞价的时候,卖方顾问可能会推荐进行协议出售。

41. 针对性竞价一般有5~10个潜在收购方,宽泛性竞价一般有10~100个以上。

42. 组织及准备，第一轮竞价，第二轮竞价，协商，达成交易。

43. 第一轮竞价从最初接触收购方开始到接收第一轮投标报价结束。第二轮竞价从管理层路演开始到接收最终投标报价结束。

44. 财务预测为买方的估值工作提供了基础。估值必须是真实且合理的。

45. 目标公司简介通常为简短的 1~2 页，包括公司概况、投资重点、财务信息摘要，还包含了卖方顾问投资银行的联系方式以便有意向的企业与之联系。

46. 目标公司简介在最初与收购方联系之后进行分发。

47. CIM 在第一轮竞价时分发，前提条件是要首先签署一份保密协议。

48. 资料室一般都包含了广泛的基本公司信息、文件和分析材料。从根本上说，资料室旨在为买方提供一套全面的信息，比如详细的财务报告、行业报告和咨询研究报告，以便于买方对目标公司做出合理的投资决策。它还包含公司特有的详细信息，比如客户和供应商名录、劳动合同、采购合同、现有债务的描述及条款、租赁及养老金合同以及环保认证。

49. 管理层路演是第二轮竞标过程中买方尽职调查的重要组成部分。路演包括目标企业的详细概述，并提供了一个潜在买方与管理层交流的机会。管理层路演的核心团队通常由目标公司的首席执行官、首席财务官和主要部门负责人或其他经营主管组成。

50. 买方尽职调查是指详尽的数据收集、分析和评价过程，以全面地了解目标企业的投资机会，包含管理层路演、现场考察、资料室数据研究和后续调查。

第七章

买方并购

1. 使用下列假设，计算 Value 公司的股权收购价格与企业价值。

假设（单位：100 万美元，除每股数据外；股数以 100 万计）	
Value 公司的当前股价	$43.5
支付溢价	35.0%
全面稀释已发行普通股数	80.0
总负债	1500.0
现金及现金等价物	250.0

a. 计算股权收购价格

_____

b. 计算企业价值

_____

2. 利用第 1 题计算得到的股权收购价格和企业价值以及下列假设，完成

假设（单位：100 万美元，除每股数据外）	
Buyer 公司的当前股价	$70.00
换股比率	0.8×
Buyer 公司 2019E EBITDA	$1 486.3
Value 公司 2019E EBITDA	725.0
协同效应	100.0
（交易中使用的）库存现金	300.0
要约/赎回溢价	20.0
交易费用	60.0
债务融资费用	120.0
新增高级有担保杠杆	0.97×
新增高级杠杆	0.65×
股权出资的股票对价比例	50.0%

(单位：100万美元)

资金来源		资金使用	
循环贷款额度		购买 Value 公司股权	
定期贷款 B	A)	偿付现有负债	
高级票据	B)	要约/赎回溢价	
发行普通股	C)	融资费用	
库存现金		其他费用及开支	
资金来源合计	D)	资金使用合计	

a. 计算定期贷款 B 的本金额

b. 计算高级票据的本金额

c. 计算 Buyer 公司新发行的普通股数

d. 计算资金来源总额

3. 利用上述问题中的收购价格、交易结构以及下列假设，完成以下关于新增商誉、资产增值和递延所得税负债的问题。

假设 (单位：100万美元)	
Value 公司的可辨认净资产	$2 500.0
收购价格溢价在有形资产上的分摊	15.0%
收购价格溢价在无形资产上的分摊	10.0%
Buyer 公司的边际税率	25.0%

计算商誉 (单位：100万美元)		
股权收购价格		
减去：Value 公司的可辨认净资产		
总的可分配收购溢价		A)
	分摊百分比%	
减去：有形资产增值		B)
减去：无形资产增值		C)
加上：递延所得税负债		D)
交易新增商誉		E)

a. 计算可分配收购溢价合计

b. 计算有形资产增值

c. 计算无形资产增值

d. 计算递延所得税负债

e. 计算交易新增商誉

4. 利用第 2 题中得到的资金来源与资金使用、第 3 题中的得到新增商誉与资产增值以及下列资产负债表已知项，完成交易完成后预估的资产负债表并回答相关问题（列示所有调整项）。

资产负债表（单位：100 万美元）	Buyer 公司 2019	Value 公司 2019	调整项 +	调整项 −	预测 2019
现金及现金等价物	$400.0	$250.0			
应收账款	1 000.0	450.0			
存货	1 225.0	600.0			
预付款及其他流动资产	525.0	175.0			
流动资产合计	**$3 150.0**	**$1 475.0**			A)
固定资产净值	2 500.0	2 500.0			B)
商誉	575.0	1 000.0			C)
无形资产	825.0	875.0			D)
其他资产	450.0	150.0			
递延融资费用	–	–			
资产合计	**$7 500.0**	**$6 000.0**			
应付账款	925.0	215.0			
应计负债	945.0	275.0			
其他流动负债	225.0	100.0			
流动负债合计	**$2 095.0**	**$590.0**			
循环贷款额度	–	–			
Value 公司的定期贷款	–	1 000.0			
新增定期贷款 B	–	–			

				(续)
Buyer公司的高级票据	2 200.0	–		
Value公司的高级票据	–	500.0		
新增高级票据	–	–		
递延所得税	100.0	300.0		E)
其他长期负债	625.0	110.0		
负债合计	**$ 5 020**	**$ 2 500**		
非控股股东权益	–	–		
股东权益	2 480.0	3 500.0		F)
股东权益合计	**$ 2 480.0**	**$ 3 500.0**		
负债及所有者权益合计	**$ 7 500.0**	**$ 6 000.0**		G)
平衡检验	*0.000*	*0.000*		*0.000*

a. 计算预估的合并后流动资产

b. 计算预估的合并后固定资产净值

c. 计算预估的合并后商誉

d. 计算预估的合并后无形资产

e. 计算预估的合并后递延所得税

f. 计算预估的合并后股东权益

g. 计算预估的合并后负债及所有者权益合计

5. 利用上述问题的计算结果以及下列假设，完成Buyer公司的增厚/（稀释）分析。

假设	
Buyer公司的边际税率	*25.0%*
有形资产增值折旧期限	15年
无形资产增值摊销期限	15年

增厚/（稀释）分析–支付对价 50%股票/50%现金 （单位：100万美元，除每股数据外）		预测期				
	预测 2019	1 2020	2 2021	3 2022	4 2023	5 2024
Buyer公司 EBIT	$1 317.4	$1 409.6	$1 494.2	$1 568.9	$1 631.6	$1 680.6
Value公司 EBIT	518.0	556.9	590.3	619.8	644.6	663.9
协同效应	100.0	100.0	100.0	100.0	100.0	100.0
（交易前）预估合并后EBIT	$1 935.4	$2 066.4	$2 184.4	&2 288.7	$2 376.2	$2 444.5
增值折旧	A)					
增值摊销	B)					
预估合并后EBIT						
独立净利息费用		142.4	140.2	135.7	130.9	125.7	120.3
增量净利息费用		208.2	180.3	133.6	113.7	111.2	108.5
税前利润							
所得税费用							
预估合并后净利润	$1 161.0	$1 281.9	$1 408.8	$1 505.6	$1 577.0	$1 634.3
Buyer公司独立净利润	$881.2	$952.0	$1 018.9	$1 078.5	$1 129.4	$1 170.2
独立全面稀释已发行普通股	140.0	140.0	140.0	140.0	140.0	140.0
交易净发行新股	33.6	33.6	33.6	33.6	33.6	33.6
预估全面稀释已发行普通股	173.6	173.6	173.6	173.6	173.6	173.6
预估合并后稀释EPS		C)				
Buyer公司独立的稀释EPS			D)			
增厚/（稀释）–$				E)		
增厚/（稀释）–%					F)	
增厚性/稀释性						
包含的税前协同效应						
额外的税前协同效应盈亏平衡						G)
达到盈亏平衡所需要的协同效应/（缓冲）						

a. 计算预估的 2019 年有形资产增值折旧，假设其在项目预测期间内保持不变

b. 计算预估的 2019 年无形资产增值摊销，假设其在项目预测期间内保持不变

c. 计算预估的 2020 年合并后稀释 EPS

d. 计算 Buyer 公司 2021 年独立稀释 EPS

e. 计算 2022 年每股按金额的增厚/（稀释）

f. 计算 2023 年增厚/（稀释）百分比

g. 计算 2024 年达到盈亏平衡需要的额外税前协同效应

6. 如果两家企业合并后预测 EPS 高于收购方独立 EPS，则该交易_____。
   A. 具有业绩增厚性
   B. 具有业绩稀释性
   C. 盈亏平衡
   D. 符合一致预期

7. 如果两家企业合并后预测 EPS 低于收购方独立 EPS，则该交易_____。
   A. 具有业绩增厚性
   B. 具有业绩稀释性
   C. 盈亏平衡
   D. 符合一致预期

使用下列信息回答第 8～10 题：

假设（单位：100 万美元）	
预估合并后净利润	$1 000.0
收购方独立状态下的净利润	700.0
收购方独立状态下的全面稀释已发行普通股	200.0
交易净发行新股	50.0
税率	25.0%

8. 计算预估的合并后 EPS。
   A. 2.8 美元
   B. 3.5 美元
   C. 4 美元
   D. 5 美元

9. 计算每股按美元的增厚/（稀释）额。

    A.（0.5 美元）

    B. 0.5 美元

    C.（0.88 美元）

    D. 0.88 美元

10. 计算增厚/（稀释）的百分比。

    A.（14.3%）

    B. 14.3%

    C.（12.5%）

    D. 12.5%

11. 计算达到盈亏平衡的税前协同效应/（缓冲）。

    A.（1.613 亿美元）

    B. 1.613 亿美元

    C.（1.667 亿美元）

    D. 1.667 亿美元

使用下列信息回答以下第 12～14 题：

假设（单位：100 万美元）	
预估合并后净利润	$2500.0
收购方独立状态下的净利润	1800.0
独立状态下全面稀释已发行普通股	300.0
交易净发行新股	135.0
税率	25.0%

12. 计算预估的合并后 EPS。

    A. 4.14 美元

    B. 5.75 美元

    C. 7.15 美元

    D. 8.33 美元

13. 计算每股按美元的增厚/（稀释）额。

    A.（0.25 美元）

    B. 0.25 美元

    C.（0.40 美元）

    D. 0.40 美元

14. 计算增厚/（稀释）的百分比。

    A.（4.2%）

    B. 4.2%

    C.（4.4%）

    D. 4.4%

15. 计算达到盈亏平衡点的税前协同效应/（缓冲）。

    A.（1.224 亿美元）

    B. 1.224 亿美元

    C.（1.467 亿美元）

    D. 1.467 亿美元

16. 假设其他条件保持不变，如果一家 P/E 为 15× 的企业以全部换股交易收购了一家 P/E 为 12× 的企业，则此交易_____。

    A. 具有增厚性

    B. 具有稀释性

    C. 盈亏平衡

    D. 无法判断

17. 假设其他条件保持不变，如果一家 P/E 为 12× 的企业以全部换股交易收购了一家 P/E 为 15× 的企业，则此交易_____。

    A. 具有增厚性

    B. 具有稀释性

    C. 盈亏平衡

    D. 无法判断

18. 增厚/（稀释）分析一般由谁来进行？

    A. 已上市的战略投资者

    B. 财务投资人

    C. 卖方为家族企业

    D. 非上市的外资收购方

19. 以下哪些是并购交易中常见的协同效应类型？

    Ⅰ. 兼并

    Ⅱ. 收入

    Ⅲ. 成本

    Ⅳ. 股票

    A. Ⅰ和Ⅱ

    B. Ⅱ和Ⅲ

    C. Ⅲ和Ⅳ

    D. Ⅱ、Ⅲ和Ⅳ

20. 下列哪一项美国税收法规涉及经营净亏损？

    A. 第302条

    B. 第330条

    C. 第382条

    D. 第389条

21. 以下哪一项不是用于完成交易的潜在资金来源？

    A. 发行新股

    B. 收购方库存现金

    C. 卖方股权价值

    D. 发行优先股

22. 支付给目标企业的超过其可辨识资产净值的部分被称作什么？

    A. 品牌溢价

    B. 商誉

    C. 无形资产价值

    D. 有形资产价值

23. 使用以下信息，计算可分配支付溢价：

假设 (单位: 100万美元)	
股权收购价格	$3 000.0
股东权益	2 000.0
现存商誉	750.0

    A. 12.5 亿美元

    B. 17.5 亿美元

    C. 50.0 亿美元

    D. 57.5 亿美元

24. 如何处理并购交易中的债务融资费用？

    A. 作为当期费用

    B. 资本化

    C. 注销

    D. 不适用

25. 买方收购卖方的全部资产和负债的交易被称作什么？

    A. 资产收购

    B. 股权收购

    C. 第 338 条选项

    D. 第 382 条收购

26. 买方收购特定资产并承担部分特定负债的交易被称作什么？

    A. 资产收购

B. 股权收购

C. 第338条（h）(10) 选项

D. 第382条收购

27. 为什么买方偏好卖方进行资产出售而不是股权出售？

   A. 可以利用卖方的净经营亏损

   B. 资产出售比股权出售更简单

   C. 能从税盾中获益

   D. 能创造递延所得税资产

28. 第338条（h）(10) 选项在法律上属于_____收购，但是在会计处理中它被当作_____收购。

   A. 股权；资产

   B. 资产；股权

   C. 股权；免税

   D. 资产；免税

29. 什么是绿地项目（green field）？

   A. 从设计蓝图开始新建一个工厂

   B. 调整/升级现有工厂

   C. 是一项反收购措施，即目标企业以溢价从潜在收购方手中购入股份来阻止恶意收购

   D. 快速有效地整合一家新收购的公司

30. 以下哪一项不是企业选择通过并购而非新建项目来成长的原因？

   A. 较小的风险

   B. 较少的开支

   C. 溢价常常与收购相关

   D. 新建项目投资所需周期更长

31. 什么是规模经济？

    A. 公司整合新收购的能力

    B. 公司由于并购而进入一个新领域的能力

    C. 在更高的单位成本下生产和销售更多产品

    D. 在更低的单位成本下生产和销售更多产品

32. 什么是范围经济？

    A. 在多种产品之间分配资源

    B. 集中资源于某一核心产品

    C. 企业根据规模收购较小目标企业的能力

    D. 企业在多个国家销售产品的能力

33. 以下哪一项不是常见的收购策略？

    A. 横向收购

    B. 纵向收购

    C. 六西格玛

    D. 混合并购

34. 以下哪一项是后向合并的例子？

    A. 经销商收购供应商

    B. 制造商收购经销商

    C. 供应商收购另一供应商

    D. 制造商通过新建项目投资进入经销领域

35. 以下哪一项是前向合并的例子？

    A. 制造商收购供应商

    B. 供应商收购经销商

    C. 经销商收购另一经销商

    D. 制造商通过新建项目投资进入经销领域

36. 什么是混合并购？
    A. 在其竞争者当中规模最大的企业
    B. 在多个国家生产和销售其产品或服务的企业
    C. 企业在其相对不相关的业务领域进行收购的并购策略
    D. 企业在某一特定业务领域进行收购的并购策略

37. 以下哪一项不是并购融资的常见形式？
    A. 股权
    B. 流动资产
    C. 负债
    D. 库存现金

38. 对等合并交易的对价形式通常是_____，并且其溢价比收购溢价_____。
    A. 全股票；低
    B. 全股票；高
    C. 全现金；相同
    D. 全现金；高

39. 以下哪一项不是使用股权进行并购融资的潜在缺点？
    A. 如果交易中新发行股份超过已发行普通股的20%，则需要股东投票批准
    B. 收购方股价波动
    C. 目标企业的股东通常偏好现金
    D. 评级机构观点

40. 管道型企业是指企业利润直接归股东所有，而不需要在企业层面上缴税。下列哪一项不是管道型企业？
    A. 小型股份有限公司
    B. 股份有限公司
    C. 有限责任公司
    D. 合伙人公司

41. 哪种公司在交易完结后，路演与担保不再有效？

   A. 家族企业

   B. 上市公司

   C. 财务投资人拥有的企业

   D. 路演与担保总是有效

42. 递延所得税负债的计算方法是什么？

   A. 商誉减去固定资产净值

   B. 固定资产净值乘以收购方税率

   C. 有形和无形资产增值乘以收购方税率

   D. 商誉乘以收购方税率

43. 为什么会产生递延所得税负债？

   A. 增值产生的折旧适用于税收目的折旧，与公认会计准则下的折旧不同

   B. 增值产生的折旧适用于公认会计准则下的折旧，与税收目的折旧不同

   C. 相比税收目的折旧，在公认会计准则下增值产生的折旧速度更快

   D. 收购方与目标企业的税率不同

44. 什么类型的交易在股份有限公司中最为常见？

   A. 第338条（h）(10) 选项

   B. 对等合并

   C. 股权出售

   D. 资产出售

45. 企业的"内部计税基础"是指什么？

   A. 股权的计税基础

   B. 公众股东的计税基础

   C. 资产的计税基础

   D. 管理团队所持股票的计税基础

46. 企业的"外部计税基础"是指什么？

   A. 股权的计税基础

   B. 公众股东的计税基础

   C. 资产的计税基础

   D. 管理团队所持股票的计税基础

47. 第338条（h）(10) 选项对哪种企业而言最为常见？

   A. 大型上市公司

   B. 股份有限公司

   C. 外资公司

   D. 子公司

48. 第338条（h）(10) 选项中的"选项"指代什么？

   A. 收购方是否采取第338条（h）(10) 选项受制于股东投票

   B. 无论公司规模大小，收购方是否采取第338条（h）(10) 选项受制于董事会投票

   C. 收购方可以自行选择是否采取第338条（h）(10) 选项

   D. 买卖双方需要对采用第338条（h）(10) 选项达成一致

49. 在股份出售中，出售实体是指什么？

   A. 公司自身

   B. 公司股东

   C. 公司上市的股票交易所

   D. 外国子公司

50. 在资产出售中，出售实体是指什么？

   A. 公司自身

   B. 公司股东

   C. 以资产为基础的借贷工具

   D. 控股公司

51. 如果将收益分配给股东，以下哪种交易结构存在双重征税的风险？

    A. 股份出售

    B. 资产出售

    C. 小型股份有限公司

    D. 股份有限公司

52. 贡献分析最适用于以下哪一项？

    A. 对等合并交易

    B. 杠杆收购

    C. 私有化交易

    D. 股权融资

53. 以下哪一项有助于减少在并购交易中产生商誉？

    A. 有形资产增值

    B. 控股权溢价

    C. 递延所得税负债

    D. 未来的协同效应

54. 以下哪一项不能减少并购交易中产生的商誉？

    A. 有形资产增值

    B. 无形资产增值

    C. 目标企业的可辨认资产净值

    D. 递延所得税负债

55. 为什么收购方会增加其并购融资中的股权比重？

    A. 业绩增厚

    B. 改善交易后的信用状况

    C. 增加净资产收益率

    D. 债务融资比股权融资成本更高

56. 增厚/（稀释）分析度量哪种指标？其关键驱动因素是什么？

57. 收购方在哪种情况下会寻求不会立即产生业绩增厚效果的交易？

58. 为什么较高的竞价可能被拒绝，从而选择较低的价格？

第七章 答案及解释

1. 计算股权收购价格以及企业价值。

   =每股要约价格×全面稀释已发行普通股数
   =58.73美元×8 000万股

收购价格（单位：100万美元，除每股数据外；股数以100万计）	
Value公司的当前股价	$43.5
支付溢价	35.0%
每股要约价格	$58.73
全面稀释已发行普通股	80.0
股权收购价格	$4 700.0
加：总负债	1 500.0
减：现金及现金等价物	(250.0)
企业价值	$5 950.0

   =股权价值+总负债−现金及现金等价物
   =47亿美元+15亿美元−2.50亿美元

   a. 47.00亿美元。股权收购价格等于每股要约价格乘以全面稀释已发行普通股数。(58.73美元×8 000万股)

   b. 59.50亿美元。股权价值加上总负债减去现金及现金等价物等于企业价值。(47亿美元+15亿美元−2.50亿美元)

2. 计算资金来源及使用。

   （单位：100万美元）

资金来源		资金使用	
循环贷款额度	–	购买Value公司股权	$4 700.0
定期贷款B	2 250.0	偿付现有负债	1 500.0
高级票据	1 500.0	要约/赎回溢价	20.0
已发行普通股	2 350.0	交易费用	60.0
库存现金	300.0	债务融资费用	120.0
资金来源合计	6 400.0	资金使用合计	$6 400.0

   a. 22.5亿美元。定期贷款B的本金等于预估合并后的2019年预期EBITDA乘以新增高级担保杠杆。预估合并后的EBITDA是Buyer公司2019年预期

EBITDA、Value 公司 2019 年预期 EBITDA 以及协同效应之和。

计算定期贷款 B 的本金 *(单位：100 万美元)*	
Buyer 公司 2019 年预期 EBITDA	$1 486.3
Value 公司 2019 年预期 EBITDA	725.0
协同效应	100.0
合并后 2019 年预期 EBITDA	**$2 311.3**
新增高级担保杠杆	0.97 ×
定期贷款 B 的本金	**$2 250.0**

b. 15 亿美元。高级票据的本金额等于预估合并后 2019 年 EBITDA 乘以高级担保杠杆。

计算高级票据的本金 *(单位：100 万美元)*	
预估合并后 2019 年 EBITDA	$2 311.3
新增高级担保杠杆	0.65 ×
高级票据本金	**$1 500.0**

c. 23.5 亿美元。新发行普通股等于股权收购价格乘以对价中的股票支付比例。

计算新发行普通股 *(单位：100 万美元)*	
股权收购价格	$4 700.0
对价中的股票支付比例	50.0%
新发行普通股金额	**$2 350.0**

d. 64 亿美元。资金来源总额等于定期贷款 B、高级票据、新发行普通股与库存现金之和。

资金来源总额 *(单位：100 万美元)*	
定期贷款 B	$2 250.0
高级票据	1 500.0
新发行普通股	2 350.0
库存现金	300.0
资金来源总额	**$6 400.0**

3. 交易新增商誉、资产增值和递延所得税负债。

= -（可分配收购价格溢价×假设的有形资产增值）
= -（22亿美元×15%）

= -（Value公司股东权益-现有商誉）
= -（47亿美元-25亿美元）

计算商誉（单位：100万美元）	分摊百分比%	
股权收购价格		$4 700.0
减去：Value公司的可辨认净资产		(2 500.0)
总可分配收购溢价		**$2 200.0**
减：有形资产增值	15%	(330.0)
减：无形资产增值	10%	(220.0)
加：递延所得税负债		$137.5
交易新增商誉		**$1 787.5**

= -（假设的有形资产增值+假设的无形资产增值）×Buyer公司边际税率
= -[-3.3亿美元+（-2.2亿美元）]×25%

= -（可分配收购价格溢价×假设的无形资产增值）
= -（22亿美元×10%）

a. 22亿美元。可分配收购溢价总额等于股权收购价格减去Value公司可辨认资产净值。（47亿美元-25亿美元）

b. -3.3亿美元。有形资产增值等于可分配收购溢价总额乘以假设的有形资产增值比例。（22亿美元×15%）

c. -2.2亿美元。无形资产增值等于可分配收购溢价总额乘以假设的无形资产增值比例。（22亿美元×10%）

d. 1.375亿美元。递延所得税负债等于有形资产增值与无形资产增值之和乘以Buyer公司的边际税率。（5.5亿美元×25%）

e. 17.875亿美元。交易新增商誉等于可分配收购溢价总额减去有形资产与无形资产增值，加上交易新增递延所得税负债。（22亿美元-3.3亿美元-2.2亿美元+1.375亿美元）

4. 资产负债表调整。

（单位：100万美元）

资金来源			资金使用		
循环贷款额度	–		购买Value公司股权	$4 700.0	E
定期贷款B	2 200.0	A	偿付现有负债	1 500.0	F
高级票据	1 500.0	B	要约/赎回溢价	20.0	G
已发行普通股	2 350.0	C	负债融资费用	120.0	H
库存现金	300.0	D	交易费用	60.0	I
资金来源合计	$6 400.0		资金使用合计	$6 400.0	

计算商誉

股权收购价格	$4 700.0	E
减去：Value公司的可辨认净资产	(2 500.0)	
总可分配收购溢价	$2 200.0	
	分摊百分比 %	
减：有形资产增值	15% (330.0)	J
减：无形资产增值	10% (220.0)	K
加：递延所得税负债	137.5	L
交易新增商誉	1 787.5	

资产负债表

	Buyer公司2019	Value公司2019	调整项 +	调整项 −	预测2019	
现金及现金等价物	$400.0	$250.0		(300.0)	$350.0	
应收账款	1 000.0	450.0		D	1 450.0	
存货	1 225.0	600.0			1 825.0	
预付款及其他流动资产	525.0	175.0			700.0	
流动资产合计	$3 150.0	$1 475.0			$4 325.0	
			J			
固定资产净值	2 500.0	2 500.0	330.0		5 330.0	
商誉	575.0	1 000.0	1 787.5	(1 000.0)	2 362.5	
无形资产	825.0	875.0	220.0		1 920.0	
其他资产	450.0	150.0	K		600.0	
递延融资费用	–	–	120.0		120.0	
资产合计	$7 500.0	$6 000.0	H		$14 657.5	
应付账款	925.0	215.0			1 140.0	
应计负债	945.0	275.0			1 220.0	
其他流动负债	225.0	100.0			325.0	
流动负债合计	$2 095.0	$590.0			$2 685.0	
循环贷款额度	–	–			–	
Value公司的定期贷款	–	1 000.0	A	(1 000.0)	–	
新的定期贷款B	–	–	2 250.0		2 250.0	
Buyer公司的高级票据	2 200.0	–		F	2 200.0	
Value公司的高级票据	–	500.0	B	(500.0)	–	
新增高级票据	–	–	1 500.0		1 500.0	
递延所得税	100.0	300.0	137.5		537.5	
其他长期贷款	625.0	110.0	L		735.0	
负债合计	$5 020.0	$2 500.0			$9 907.5	
非控股股东权益						
股东权益	2 480.0	3 500.0	2 270.0	(3 500.0)	4 750.0	
股东权益合计	$2 480.0	$3 500.0			$4 750.0	
负债及所有者权益合计	$7 500.0	$6 000.0			$14 657.5	
平衡检验	0.000	0.000			0.000	

= −（普通股发行 − 要约/赎回溢价 − 交易费用）
= −（23.5亿美元 − 2 000万美元 − 6 000万美元）

C G I

a. 43.25亿美元。预估合并后流动资产等于现金及现金等价物、应收账款、存货、预付款及其他流动资产之和。（3.5亿美元 + 14.5亿美元 + 18.25亿美元 + 7亿美元）

b. 53.30 亿美元。预估合并后固定资产净值等于 Buyer 公司与 Value 公司的固定资产净值之和，再加上有形资产增值。（25 亿美元 + 25 亿美元 + 3.3 亿美元）

c. 23.625 亿美元。预估合并后商誉等于 Buyer 公司与 Value 公司现有商誉之和，再加上交易新增商誉，减去 Value 公司的商誉。（5.75 亿美元 + 10 亿美元 + 17.875 亿美元 – 10 亿美元）

d. 19.20 亿美元。预估合并后无形资产等于 Buyer 公司与 Value 公司无形资产之和，再加上无形资产增值。（8.25 亿美元 + 8.75 亿美元 + 2.2 亿美元）

e. 5.375 亿美元。预估合并后递延所得税负债等于 Buyer 公司与 Value 公司现有递延所得税负债之和，加上交易新增递延所得税负债。（1 亿美元 + 3 亿美元 + 1.375 亿美元）

f. 47.5 亿美元。预估合并后股东权益等于 Buyer 公司现有股东权益加上新发行普通股，再减去要约/收购溢价与交易费用。（24.8 亿美元 + 23.5 亿美元 – 0.2 亿美元 – 0.6 亿美元）

g. 146.575 亿美元。预估合并后负债及所有者权益之和等于预估合并后总负债与预估合并后总股东权益之和。（99.075 亿美元 + 47.5 亿美元）

5. 增厚/（稀释）分析。

增厚/（稀释）分析–支付对价 50%股票/50%现金（单位：100 万美元，除每股数据外）

	预测 2019	1 2020	2 2021	3 2022	4 2023	5 2024
Buyer 公司 EBIT	$1 317.4	$1 409.6	$1 494.2	$1 568.9	$1 631.6	$1 680.6
Value 公司 EBIT	518.0	556.9	590.3	619.8	644.6	663.9
协同效应	100.0	100.0	100.0	100.0	100.0	100.0
（交易前）预估的合并后EBIT	$1 935.4	$2 066.4	$2 184.4	$2 288.7	$2 376.2	$2 444.5
增值折旧	22.0	22.0	22.0	22.0	22.0	22.0
增值摊销	14.7	14.7	14.7	14.7	14.7	14.7
预估的合并后EBIT	$1 898.7	$2 029.8	$2 147.8	$2 252.0	$2 339.5	$2 407.8
独立净利息费用	142.4	140.6	135.7	130.9	125.7	120.3
增量净利息费用	208.2	180.3	133.6	113.7	111.2	108.5
税前利润	$1 548.1	$1 709.2	$1 878.5	$2 007.4	$2 102.7	$2 179.0
所得税费用@38%	587.0	427.3	469.6	501.9	525.7	544.8
预估合并后净利润	$1 161.0	$1 281.9	$1 408.8	$1 505.6	$1 577.0	$1 634.3

=有形资产增值/折旧期
=3.3亿美元/15年

=无形资产增值/摊销期
=2.2亿美元/15年

Buyer公司独立净利润	$881.2	$952.0	$1 018.9	$1 078.5	$1 129.4	$1 170.2
独立状态下的全面稀释已发行普通股	140.0	140.0	140.0	140.0	140.0	140.0
交易净新发股	33.6	33.6	33.6	33.6	33.6	33.6
预估全面稀释已发行普通股	173.6	173.6	173.6	173.6	173.6	173.6
预估合并后稀释EPS	$6.69	$7.39 ▲	$8.12	$8.67	$9.09	$9.42
Buyer公司独立稀释EPS	6.29	6.80	7.28 ▲	7.78	8.07	8.36
增厚/(稀释)–$	$0.39	$0.59	$0.84	$0.97 ▲	$1.02	$1.06
增厚/(稀释)–%	6.3%	8.6%	11.5%	12.6%	12.6% ▲	12.6%
增厚性/稀释性	增厚性	增厚性	增厚性	增厚性	增厚性	增厚性
包含的税前协同效应	$100.0	$100.0	$100.0	$100.0	$100.0	$100.0
达到盈亏平衡需要的额外税前协同效应	(91.3)	(135.4)	(194.2)	(224.6)	(235.6)	(244.6) ▲
达到盈亏平衡需要的额外税前协同效应/(缓冲)	$8.7	($35.4)	($94.2)	($124.6)	($135.6)	($144.6)

=预估净利润$_{2020E}$/预估全面稀释已发行普通股$_{2020E}$
=12.819亿美元/1.736亿股

=Buyer公司独立净利润$_{2021E}$/独立全面稀释已发行普通股
=10.189亿美元/1.4亿股

=预估合并后稀释EPS$_{2022E}$−Buyer公司独立稀释EPS$_{2022E}$
=8.67美元−7.70美元

=预估合并后稀释EPS$_{2023E}$/Buyer公司独立稀释EPS$_{2023E}$−1
=9.09美元/8.07美元−1

=−(EPS增厚/(稀释)$_{2024E}$×预估全面稀释已发行普通股)/(1−税率)
=−(1.06美元×1.736亿股)/(1−25%)

a. 2 200万美元。预估2019年有形资产增值折旧等于有形资产增值除以折旧期限。(3.3亿美元/15年)

b. 1 470万美元。预估2019年无形资产增值摊销等于无形资产增值除以摊销期限。(2.2亿美元/15年)

c. 7.39美元。预估2020年合并后稀释EPS等于预估2020年合并后净利润除以预估2020年全面稀释已发行普通股数。(12.819亿美元/1.736亿股)

d. 7.28美元。Buyer公司2021年独立稀释EPS等于Buyer公司独立净利润除以独立状态下的全面稀释已发行普通股数。(10.189亿美元/1.4亿股)

e. 0.97美元。2022年每股按金额的增厚/(稀释)等于预估2022年合并后稀释EPS减去Buyer公司2022年独立稀释EPS。(8.67美元−7.70美元)

f. 12.6%。2023年增厚/(稀释)的比例等于预估2023年合并后稀释EPS除以Buyer公司2023年独立稀释EPS减1。((9.09美元/8.07美元)−1)

g. 2.446亿美元。2024年达到盈亏平衡需要的额外税前协同效应等于[−EPS增厚/(稀释)×预估全面稀释已发行普通股]/(1−税率)。即(−1.06美元×1.736亿股)/(1−25%)

6. A。已上市的战略性投资者会在假定给定的收购价格和融资结构的前提下，采用增厚/（稀释）分析来衡量该交易对业绩的预计影响，通常将交易后预计 EPS 与独立 EPS 进行比较。如果预估 EPS 高于独立 EPS，则该交易具有业绩增厚性；相反，如果预估 EPS 低于独立 EPS，则该交易具有业绩稀释性。

7. B。如果预估 EPS 低于独立 EPS，则该交易具有业绩稀释性。

8. C。预估合并后 EPS 等于预估合并后净利润除以预估全面稀释已发行普通股。

增厚/（稀释）分析（单位：100万美元，除每股数据外）	
预估合并后净利润	$1 000.0
收购方独立状态下的净利润	700.0
收购方独立状态下的全面稀释已发行普通股	200.0
交易净新发股	50.0
预估全面稀释已发行普通股	250.0
预估合并后稀释EPS	$4.00
收购方独立稀释EPS	3.50
增厚/（稀释）–$	$0.50
增厚/（稀释）–%	14.3%
增厚性/稀释性	增厚性
达到盈亏平衡需要的额外税前协同效应/（缓冲）	($166.7)

预估合并后稀释EPS = 预估净利润/预估全面稀释已发行普通股 = 10亿美元/2.5亿股

=[-EPS增厚/（稀释）×预估全面稀释已发行普通股]/（1−税率）
=−（0.5美元×2.5亿股）/（1−25%）

=预估合并后稀释EPS/Buyer公司独立稀释EPS−1
=4.00美元/3.50美元−1

=预估合并后稀释EPS−Buyer公司独立稀释EPS
=4.00美元−3.50美元

9. B。每股按金额的增厚/（稀释）等于预估合并后 EPS 减去收购方独立稀释 EPS。如上所示，该交易具有每股增值 0.5 美元的增厚性。

10. B。增厚/（稀释）比例等于预估合并后 EPS 除以收购方独立稀释 EPS 再减 1。如上所示，该交易具有按比例增加 14.3% 的增厚性。

11. C。如上所示，达到盈亏平衡需要的额外税前协同效应/（缓冲）等于 [–(EPS增厚/稀释)×预估全面稀释已发行普通股份] /（1–税率）。由于该交易具有业绩增厚性，该分析确定了在交易转为稀释之前的协同效应缓冲。

12. B。如下所示，预估合并后稀释 EPS 等于预估合并后净利润除以预估全面稀释已发行普通股份额。

=预估净利润/预估全面稀释已发行普通股份额
=25亿美元/4.35亿股

增厚/（稀释）分析（单位：100万美元，除每股数据外）	
预估合并后净利润	$2 500.0
收购方独立状态下净利润	1 800.0
独立状态下全面稀释已发行普通股	300.0
交易净发行新股	135.0
预估全面稀释已发行普通股份	435.0
预估合并后稀释EPS	$5.75
收购方独立稀释EPS	6.00
增厚/（稀释）–$	($0.25)
增厚/（稀释）–%	(4.2%)
增厚性/稀释性	稀释性
达到盈亏平衡需要的额外税前协同效应/（缓冲）	$146.7

=[–EPS增厚/（稀释）×预估全面稀释已发行普通股]/（1–税率）
=（–0.25美元×4.35亿股）/（1–25%）

=预估合并后稀释EPS/Buyer公司独立稀释EPS–1
=5.75美元/6.00美元–1

=预估合并后稀释EPS–Buyer公司独立稀释EPS
=5.75美元–6.00美元

13. A。如上所示，该交易具有每股稀释 0.25 美元的稀释性。

14. A。如上所示，该交易每股稀释 4.2% 的稀释性。

15. D。如上所示,该交易具有稀释性。因此,该分析在增厚/(稀释)的基础上决定了达到盈亏平衡需要的额外税前协同效应。

16. A。在换股收购的交易中,如果收购方的 P/E 高于卖方,则交易具有增厚性。

17. B。在换股收购的交易中,如果收购方的 P/E 低于卖方,则交易具有稀释性。

18. A。除了使用标准估值法(例如可比公司分析法、先例交易分析法、DCF 及 LBO 分析)对潜在收购进行估值外,已上市的战略投资者也在给定收购价格及融资结构的假设下利用增厚/(稀释)分析去衡量交易对利润的预估效应。为了让收购方同意进行交易,该交易是否具有业绩增厚性至关重要。

19. B。潜在的协同效应分收入与成本两种。收入协同效应是指合并后的企业能够拥有新的收入流(交叉销售、新的分销渠道等)。成本协同效应是指能够通过合并实现的成本削减措施(削除重复设施、裁员等)。

20. C。美国《国内税收法典》第 382 条的核心在于所有权变更时对净营运亏损结转以及特定内部亏损的限制。

21. C。卖方的股权价值是资金使用,而不是资金来源。

22. B。商誉被视作"超出收购价格的部分",等于收购价格减去目标企业分配后的有形及无形资产可辨认净值,再加上交易新增递延所得税负债。

23. B。可分配收购溢价等于股权收购价格减去可辨认资产净值。

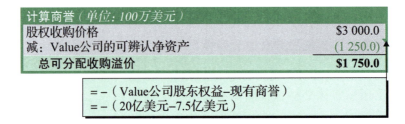

第七章　买方并购

24. B。融资费用作为资本化科目在收购方的资产负债表上作为资产列示，并在一定期限内摊销。在发生融资费用时，它们不会立即作为费用列支，例如交易中的并购费用。

25. B。在股权收购时，目标企业在交易后不再独立存在，而是成为收购方的全资子公司。因此，除了资产外，收购方还承担目标企业在过去、现在以及将来的全部已知和未知的负债。

26. A。资产收购是指收购方向目标企业收购其全部或者部分资产的并购交易。在这种结构下，目标企业在交易后仍然存在，这意味着收购方只购买特定的资产并承担一定的负债。资产收购有利于降低收购方的风险，特别是可能存在大量或有负债的情形下。

27. C。资产收购可为收购方提供一定的赋税优惠，可提高目标企业被收购资产的税基以使其达到收购价格所反映的公允价值。资产增值部分的折旧，不论是以税收为目的还是在公认会计准则的约束下，均可在资产的使用寿命期内进行折旧和/或摊销。这为收购方在收购资产的折旧和/或摊销期限内带来了现金收益。

28. A。第338条（h）（10）选项是从法律角度来定义股权收购。然而，从会计角度而言，它被认为是资产收购。在第338条（h）（10）选项中，收购方获得了被收购方的所有资产和负债（类似股权收购），然后从会计角度收购方也实现了"资产增值"，使其可从更高基础开始折旧（类似资产收购）。

29. A。绿地项目投资是指从零开始建造一个全新的工厂或设施。

30. C。在众多案例中，通过收购实现扩张意味着比绿地项目投资（即从无到有新建工厂或设施）更便宜、更快捷以及承担更少的风险。

31. D。规模经济是指较大的企业能够比较小的竞争对手以更低的单位成本生产并销售更多的单位产品。大型企业通常能够大批量购买原材料，在更多的劳动力中分摊营销成本和管理成本，并且实现更低的融资费用。

32. A。范围经济是指在多个产品和地理区域分配共同资源。例如，如果一家公司生产两种或两种以上相似的产品，他们能够将成本分摊到多条不同的生产线上。

33. C。六西格玛并不是一种收购策略。六西格玛于1986年由摩托罗拉建立，最初是一种强调减少生产瑕疵的商业策略，后发展为一种注重品控的管理理念。

34. A。后向合并是指企业向上游收购供应商，例如分销商收购供应商。

35. B。前向合并是指企业向下游收购客户，例如供应商收购分销商。

36. C。混合并购是一种收购策略，是指将产品或服务不相关的企业合并在同一家企业下进行管理。两个最大且最知名的混合并购案例主体是通用电气和伯克希尔·哈撒韦。

37. B。并购融资的主要方式有库存现金、债务融资以及股权融资。收购方通常综合考虑多种因素来确定可用的资金来源，包括资本成本、资产负债表的灵活性、评级机构的观点以及完成交易的速度和确定性。

38. A。在对等合并（MOE）交易中，对价形式通常是全股票并且卖方收到的溢价比要约收购溢价更少。

39. D。评级机构的观点不是使用股权进行并购融资的缺点。企业可能在并购融资中选择使用更多股权以确保获得或维持特定的信用评级。

40. B。股份有限公司是指以独立于股东的身份进行缴税的企业（例如，仅在公司层面而不是股东层面缴税)。与之相反,小型股份有限企业、有限责任公司及其他合伙人制企业则是将可分配的收益直接传递给股东的渠道实体,因此不在公司层面缴税。

41. B。在上市公司交易中,路演和担保在交易后不再适用。然而,在股东数目有限的非上市公司交易后,如果被收购方为收购方承诺提供违约补偿,则路演和担保仍然适用。

42. C。在股票出售交易中,与交易相关的折旧及摊销不属于税前扣除项目。无论是买方还是卖方都无须根据《美国公认会计准则》(GAAP)对资产价值重估形成的"增值"进行纳税。因此,从美国国税局税收收入产生的角度来看,买方不得因这种财务处理方式而获得未来的税收优惠。从会计的角度看,账面应纳税收入与实际应纳税收入之间的差异最终通过资产负债表上"递延所得税负债"(deffered tax liability, DTL)而得以解决(且通常表现为递延所得税)。递延所得税负债等于重估增值与公司税率的乘积。

43. B。递延所得税负债是因目标公司重估资产按《美国公认会计准则》(GAAP)计提折旧而形成的,与纳税无关。因此,尽管折旧费用需要从利润表的税前收入中扣除,但公司却不会因税盾效应而享受到任何现金收益。换句话说,账面折旧带来的税盾效应仅存在于财务处理的意义,而不具有任何真实的避税作用。在现实中,公司必须在扣除与并购交易相关的折旧及摊销费用之前对税前收入进行纳税。

44. C。股权收购是股份有限公司最常见的交易结构。

45. C。企业资产的税基被称作"内部计税基础"。

46. A。企业股权的税基被称作"外部计税基础"。

47. D。第338条(h)(10)选项通常适用于目标公司为子公司的情况。在出售子公司时，无论是采取股票出售、资产出售或是依据第 338 条（h）（10）选项，母公司通常都需要在实际出售时按公司所得税缴纳资本利得税。

48. D。第 338 条（h）（10）选项的一个常见的派生条款是该项交易必须得到买卖双方的明确同意。在这种情况下，买方通常愿意支付更高的价格以保障该项交易获得卖方同意，这将为买方提供来自资产增值的税收优惠，从而产生具有税盾作用的折旧和摊销。因此，这就降低了买方的税后成本，提高了卖方的税后收入。按照《国内收入法》的要求，第 338 条（h）（10）选项是一个针对买卖双方的综合选项，因而会迫使双方通过协作实现价值最大化。

49. B。在股票出售中，收购方基于某些考虑而收购目标公司股东持有的股份。从税收角度看，如果目标公司的股东因出售股份而获得收购方股票，那么，因交易产生的资本利得税通常会递延（获得的股票将来在实际出售时纳税）。另一方面，如果目标公司的股东接受现金对价，就必须立即缴纳资本利得税。资本利得税的水平依赖于股东属于纳税主体（如个人）还是非纳税主体（如养老金基金）。

50. A。公司自身作为卖方出售资产。在这种结构下，目标公司在交易后仍然合法存在，这意味着收购方只购买特定的资产并且承担一定的负债。

51. B。在资产出售中，如果将出售收益分配给股东，则会产生双重征税。

52. A。贡献分析从销售收入、EBITDA、EBIT、净利润和股权价值的角度出发，描述了交易双方对公司的财务"贡献"，通常用于对等合并交易。

53. A。企业有形资产和无形资产的增值会减少在并购交易中创造的商誉。商誉等于收购价格减去目标企业分配后有形资产和无形资产的可辨别资产净值，再加上递延所得税负债。

54. D。递延所得税负债加在商誉中,增加了并购交易创造的商誉。在股权并购交易过程中,递延所得税负债是由于目标公司按《美国公认会计准则》(GAAP)对重估资产计提折旧而形成,与纳税无关。将递延所得税负债纳入到资产负债表中的资产科目,解决了会计准则和税法在应税收入处理方法上的差异。作为一个保留性科目,企业每年需根据新并购交易折旧摊销形成的税收差额(即,每年的折旧摊销额乘以税率)调整递延所得税负债。这笔逐年变化的递延税款是公司真实的现金支出,并计入公司的现金流量表。

55. B。公司通常与信用评级机构合作对潜在收购及备选融资结构进行预筛查,以便对既定信用等级的可接受程度和可维持程度提供保障。最终的融资结构往往反映了信用评级机构的反馈,从而可能导致公司提高股权融资在融资总额中的比例,尽管这会给预估收益带来负面影响。

56. 已上市的战略投资者在给定收购价格和融资结构的假设条件下,使用增厚/(稀释)分析来衡量交易对收益的预估影响,其核心是比较收购方交易后预测的 EPS 与独立 EPS 大小。增厚/(稀释)的关键驱动因素是收购价格、收购方与目标企业的预期收益、协同效应、融资成本、债务/股权比例以及融资成本。计算还必须反映与交易结构相关的影响,例如无形资产和有形资产的增值。可以想象,最大的增值效果依赖于达成尽可能低的收购价格、获得最便宜的融资方式、选择最佳的融资结构以及确定可实现的协同效应。

57. 一般来说,收购者不会实施在可预见时期内具有业绩稀释性的交易,因为这种交易的潜在破坏性作用最终将损害股东价值。但是在某些情况下也存在例外。例如,对于处在快速增长的业务,由于其收益在相对较长时期内将呈加速增长态势,因此它所带来的收益提升效益可能不会在近两年的盈利预测期间内显现。

58. 由于交易达成的确定性、融资能力以及其他结构性和条款问题,一个较高的出价可能会被拒绝,从而接受较低的价格。

第八章

首次公开发行（IPO）

1. 以下所有交易所均为全球公认的主要独立股票交易所，除了_____。
    A. 纳斯达克（Nasdaq）
    B. 美国证券交易所（AMEX）
    C. 纽约证券交易所（NYSE）
    D. 伦敦证券交易所（LSE）

2. 以下所有内容都是公司上市后的重大变化，除了_____。
    A. 与公众投资者的季度收益电话会议
    B. 股票分析师覆盖
    C. 来自上市同行的竞争压力
    D. 公开披露要求，包括 10 – Ks 和 10 – Qs

3. 首次公开募股的数量与以下哪一项最为密切相关_____。
    A. 整体股票市场状况
    B. 私募股权参投活跃度
    C. 投资级债券规模
    D. 全球贸易政策

4. 哪种类型的公司最有可能使用全部或大部分 IPO 收入来偿还债务？
    A. 创始人拥有的成长型公司
    B. 由私募股权所有，前身为杠杆收购公司
    C. 多代同堂的家族企业
    D. 风险投资拥有的科技公司

5. 哪种类型的公司最有可能将全部或大部分 IPO 收入用于一般公司用途（GCP）？

   A. 创始人拥有的成长型公司

   B. 私募股权所有，前身为杠杆收购公司

   C. 多代同堂的家族企业

   D. 成熟的高自由现金流企业

6. 以下都是首次公开发行（IPO）的关键好处，除了_____。

   A. 进入公开资本市场

   B. 提高估值透明度

   C. 增加的一次性成本和持续费用

   D. 管理层和员工激励方案

7. 在做出 IPO 决策时，以下都是不利于公开上市的关键因素，除了_____。

   A. 增加的一次性成本和持续费用

   B. 信息披露要求

   C. 提高估值透明度

   D. 公众投资者审查

8. IPO 锁定期通常持续多久？

   A. 30 天

   B. 180 天

   C. 15 天

   D. 90 天

9. 首次股票发行是指_____。

   A. 股东首次向公众出售其股份

   B. 所有首次公开发行股票的销售

   C. 通过一家主要证券交易所出售股份

   D. 公司向公众股东出售股份

10. 二次发行（Secondary）是指_____。
    A. 首次公开发行股份后再次发行
    B. 销售第二次 IPO 发行的股票
    C. 股票在二级全球交易所销售
    D. 现有股东向市场出售股份

11. 牵头负责 IPO 的承销商被称为_____。
    A. 簿记管理人
    B. 主承销商
    C. 高级分析师
    D. 股权辛迪加

12. 投资银行承销团的初级成员称为_____。
    A. 辛迪加参与者
    B. 副承销商
    C. 销售与交易商
    D. 经销商

13. 以下都是参与 IPO 的投资银行的关键部门，除了_____。
    A. 股权资本市场部
    B. 研究部
    C. 销售与交易部
    D. 公司管理层

14. 哪一类投资银行通常最接近于公众投资者？
    A. 股权辛迪加
    B. 股权发起
    C. 风险管理
    D. 主承销商

15. 股票研究分析师倾向于按照什么进行专业化？
    A. 行业
    B. 市值

C. 首次公开发行的类型

D. 管理风格

16. 股票研究分析师至少多久发布一次研究报告？

    A. 月度

    B. 年度

    C. 季度

    D. 每两年一次

17. 初始覆盖报告指_____。

    A. 在公司IPO后，投资银行发布的综合研究报告

    B. 在IPO过程中，投资银行发布的综合研究报告

    C. 上市后，销售和交易部对交易情况的评估

    D. 公司向牵头投资银行提交的关于IPO执行情况的反馈报告

18. 股票研究初始覆盖报告通常在公司第一个交易日后的第几天发布？

    A. 5

    B. 15

    C. 25

    D. 45

19. 投资银行业务与研究业务分离的管理原则是出自哪一部文件？

    A. 1933年《证券法》

    B. 1934年《证券交易法》

    C. 2003年《全球市场分析师协议》

    D. 2010年《多德—弗兰克华尔街改革和消费者保护法》

20. 以下所有均为机构投资者，除了_____。

    A. 共同基金

    B. 对冲基金

    C. 富有的个人

    D. 家族理财办公室

21. 在 IPO 中，机构投资者的平均比例通常是多少？

    A. 20%

    B. 50%

    C. 80%

    D. 近 100%

22. 红鲱鱼指的是_____。

    A. 初步招股说明书

    B. 热门的新股发行

    C. 与新股发行相关的误导性营销信息

    D. 2010 年《多德—弗兰克华尔街改革和消费者保护法》

23. 红鲱鱼这个名称的来源是什么？

    A. 封面上的红色字体注明各种免责声明

    B. 警告投资者自行尽职调查的红色插页

    C. 原始华尔街印刷商使用的红色鱼形标志

    D. 封面从顶部开始向下翻滚的鱼形数据样式

24. 公司法律顾问带头负责以下所有事项，除了_____。

    A. 起草注册声明

    B. 公司内务管理

    C. 给 SEC 的回复信

    D. 锁定协议

25. 承销商律师关注以下所有文件，除了_____。

    A. 承销协议

    B. 锁定协议

    C. 首次公开发行函

    D. 会计师安慰函

26. 纳斯达克在哪一年发明了电子交易？

    A. 1968 年

B. 1971 年

C. 1980 年

D. 1987 年

27. 承销辛迪加是指_____。

   A. 承销商选择的公司上市的交易所

   B. 银行选择的宣传 IPO 的媒体

   C. 主导首次公开募股的多家银行

   D. 承销商营销 IPO 的非正式渠道

28. 总差价是指_____。

   A. 首次公开发行的定价范围与实际公开发行价格之间的差距

   B. 支付给承销商的费用占发行规模的百分比

   C. 投资者总需求与实际分配股份之间的差异

   D. 根据协议由第三方暂为保管，为换取持有 IPO 收益而向银行支付的利率

29. 绿鞋指的是_____。

   A. 超额配售权

   B. 分配给散户投资者的额外股份

   C. 15% 的发行预留给高净值个人投资者

   D. 在提供重要投资者信息的招股说明书封面用绿色字体标明的免责声明

30. 绿鞋的规模通常为发行量的百分之几？

   A. 5

   B. 10

   C. 15

   D. 25

31. 绿鞋通常在公司的股价处于什么情况时行使？

   A. 高于 IPO 价格

   B. 低于 IPO 价格

   C. 等同 IPO 价格

   D. 无论价格如何，先于首次公开募股即可

32. 稳定市场经理人负责_____。
    A. 股票的上市首日交易和二级市场交易
    B. 运行公共营销计划，为股票争取支持
    C. 确保所有成员提供覆盖该股票的研究
    D. 确保投资者分配与原始计划一致

33. 结算和交付由谁负责？
    A. 公司财政部
    B. 消极的簿记管理人
    C. 公司首席财务官
    D. 活跃的簿记管理人

34. 锁定条款限制以下各方在规定期限内出售股份，除了_____。
    A. 公司管理层
    B. 对冲基金
    C. 现有股东
    D. 公司董事

35. 总差价的关键组成部分包括以下所有内容，除了_____。
    A. 营销费用
    B. 管理费用
    C. 承销费用
    D. 销售特许佣金

36. 总差价的最大组成部分是什么？
    A. 上市费用
    B. 管理费用
    C. 承销费用
    D. 销售特许佣金

37. 销售特许佣金的结构通常符合以下哪种要求：
    A. 固定经济机制

B. 跳球机制

   C. 荷兰式拍卖

   D. 标准拍卖程序

38. 双轨制是指公司追求_____。

   A. 在首次公开募股的同时出售公司

   B. 在美国和欧洲双重上市

   C. 两种股份

   D. 在首次公开募股的同时发行债券

39. 与并购出售相比，IPO 的优势之一是_____。

   A. 预付现金最高限额

   B. 现有股东保留的股份享有股价上行空间

   C. 价值确定性

   D. 潜在的未来市场波动

40. 首次公开募股具有以下所有优势，除了_____。

   A. 相对于并购出售的潜在溢价

   B. 根据未来收益对公司进行估值的能力

   C. 进入公开资本市场

   D. 现有股东完全变现的能力

41. SPAC 也称为什么？

   A. 特殊目的收购公司

   B. 双重上市 IPO

   C. 境外上市 IPO

   D. 私人并购工具

42. SPACs 通常有多少个月的时间找到目标公司？

   A. 3

   B. 6

   C. 12

   D. 24

43. SPACs 发行单位由普通股和以下哪一项组成？

    A. 债券

    B. 认股权证

    C. 看跌期权

    D. 专项贷款

44. SPAC 交易相对于 IPO 的主要优势包括以下所有方面，除了_____。

    A. 提供前瞻性财务预测和前瞻性报表的能力

    B. 减少对股市窗口的依赖

    C. 有可能提前获得赞助商的更多现金

    D. 无前期成本和现金支出

45. SPAC 交易与 IPO 的主要劣势包括以下所有方面，除了_____。

    A. 对现有股东的股权稀释

    B. 股权投资者同意拟定条款的不确定性

    C. 创建和运行公共工具的前期成本，包括工资和发起费用

    D. 无法在主要证券交易所上市

46. 与传统 IPO 相比，直接上市的主要优势包括以下所有方面，除了_____。

    A. 大幅 IPO 折价

    B. 基于市场的定价机制

    C. 为投资者提供指导的能力

    D. 无锁定期

47. 与传统 IPO 相比，直接上市的主要注意事项包括以下所有方面，除了_____。

    A. 由于没有超额配售选择权，价格波动可能更大

    B. 帮助塑造投资者基础和分配流程的能力有限

    C. 对公司研究覆盖范围的控制减少

    D. 较高的承销费用

48. 哪种类型的公司最适合直接上市？

    A. 具有强大零售认可度的盈利公司

B. 有大量现金消耗的公司

C. 希望为各种增长计划筹集巨额收益的公司

D. 有大量的计划资本支出且不盈利的公司

49. 直接上市放弃了以下哪些传统 IPO 要素？

    A. 美国证券交易委员会上市公司要求

    B. 累计投标方式

    C. 证券交易所上市要求

    D. 提交注册声明

50. 原始 IPO 股东在锁定期后减持股份的两种主要方法是_____。

    A. 二次发行和直接上市

    B. 二次发行和大宗交易

    C. 绿鞋和总差价

    D. 二次发行和销售特许佣金

51. 典型的二次发行股份是_____。

    A. 几乎全部由新发行的股份组成

    B. 几乎全部由现存股份组成

    C. 规模约为市值的 50%

    D. 隔夜执行，无须营销流程

52. IPO 后，二次发行的规模通常为市值的多少？

    A. 15%~20%

    B. 30%~50%

    C. 5%~10%

    D. 大于 50%

53. 二次发行的总差价通常为发行规模的多少？

    A. 1%

    B. 1.5%~2%

    C. 3.5%~4%

    D. 7%

54. 与二次发行相比，大宗交易提供以下所有好处，除了_____。

    A. 出售股东的确定定价

    B. 出售股东的确定规模

    C. 绕过营销路演的权利

    D. 管理层向现有和潜在投资者营销公司故事的权利

55. 在大宗交易中，现有股东将其股份直接出售给_____。

    A. 一家或多家银行

    B. 其他现有股东

    C. 大型机构投资者

    D. 大型散户投资者群体

56. 大宗交易通常在哪种价格下执行？

    A. 当前市场价格

    B. 市价溢价

    C. 相当大的市价溢价

    D. 市场折扣价格

57. 二次发行通常以市场折扣价格执行的原因是_____。

    A. 管理层无法向投资者营销故事

    B. 承销协议中的合同义务

    C. 放弃未来大宗交易的权利

    D. 股票的抛售压力

58. 运营上市公司所需的持续年费和开支往往是_____。

    A. 最低数额

    B. 公司初始市值的2.5%

    C. 在100万~300万美元范围内

    D. 在500万~600万美元的范围内

59. 上市公司年度费用包括以下所有费用，除了_____。

    A. SEC 和 SOX 合规性

    B. 董事会薪酬和责任保险

    C. 强制性全面继任规划方案

    D. 投资者关系活动

60. 上市公司的主要披露要求包括以下所有内容，除了_____。

    A. 客户信息

    B. 高管薪酬

    C. 关键财务数据

    D. 按地区列出的所有公司员工的详细名册

第八章　答案及解析

1. B。全球公认的独立证券交易所包括纳斯达克股票市场（Nasdaq）、纽约证券交易所（NYSE）、伦敦证券交易所（LSE）和香港证券交易所（SEHK）。

2. C。首次公开募股后，根据公开披露要求，上市公司将提供详细的商业和财务信息，并且上述信息会被用于分析。管理层将召开季度盈利电话会议，并现场回答卖方研究分析师提出的问题。他们还将定期与现有的和潜在的新投资者交谈。新的会计、法律、监管、投资者关系管理和员工需要加入进来，以满足上市公司的要求。

3. A。在给定时期，首次公开募股的数量与整个股票市场的表现密切相关。市场越好，IPO渠道就越丰富。类似地，市场低迷时，IPO龙头的速度会放缓到涓涓细流，甚至可能会完全关闭。

4. B。鉴于其资产负债表上典型的巨额债务，私募股权拥有的公司最有可能使用全部或大部分IPO收益来偿还债务。

5. A。处于成长模式且现金需求巨大的公司希望通过首次发行来推动其业务，最常见的用途是一般公司用途（GCP）、增长投资、偿还未偿债务或并购。

6. C。首次公开募股准备/备案过程中涉及的前期费用和开支，以及持续的上市公司年度成本是上市的考虑因素，而非收益。

7. C。提高估值透明度是上市的一个关键好处。首次公开发行（IPO）为原始股东和新股东提供了流动性市场和股票估值基准。

8. B。首次公开募股后，上市前股东所持股份通常会被锁定180天。随后，除受到某些法律限制的附属机构和内部人员，上市前股东可以自由买卖他们认为合适的股份。

9. A。首发股份是指出售给投资者的新发行普通股。

10. D。二次发行的股份是指出售给投资者的现存普通股。

11. A。牵头银行被称为簿记管理人,因为他们有责任建立股票订单的"账簿"。事实上,他们的任务比简单地出售股票要广泛得多。他们担任 IPO 总体战略、准备、定位、估值、结构、时间安排等各个方面的顾问。因此,银行会组建一支由行业和公司专家、股票资本市场专业人士、研究分析师、交易员和销售人员组成的多方面综合团队。

12. B。副承销商在 IPO 过程中的作用不如账簿管理人,通常希望他们在 IPO 后为公司提供研究和持续支持。无论其角色如何,辛迪加的所有成员都需要符合机构尽职调查和合规要求。

13. D。投资银行内的各个部门负责成功完成 IPO。在所谓的"私人方面",投资银行部(IBD)的覆盖团队通常充当与公司及其所有者的主要联络人,尤其是在准备阶段。IBD 最能有效定位和营销公司,由行业专家和投资者关系管理人组成。他们在估值、尽职调查、定位以及招股说明书和其他营销材料的起草方面与股票资本市场部(ECM)密切合作。在"公开方面",银行的股票研究团队指派一名分析师覆盖该公司的股票。分析师在独立于 IBD 和 ECM 的情况下对公司进行广泛的尽职调查以形成对公司的独立看法,包括优势和劣势、关键绩效驱动因素、相对定位和估值。投资银行的销售与交易部(S&T)受托向投资者营销和出售公司股票。因此,在 IPO 即将启动之前,它们通常不会完全采取行动。

14. A。ECM 团队通常由发起人和辛迪加组成。发起银行与公司发行人的合作更加密切,而银团主要与银行的内部销售人员和投资者协作。辛迪加拥有最接近市场的信息,并被用来帮助确定最佳上市时间。它们还有助于确定最有可能参与此次发行的投资者。

15. A。与投资银行部(IBD)和股票资本市场部(ECM)一样,股票研究分析师通常按行业进行专业化分析。

16. C。首次公开募股后，股票研究分析师以季度研究报告的形式提供持续报道，基于最新的公司绩效和前景更新销售和盈利预测。研究报告可能会更频繁地发布，具体取决于公司或行业的具体事件和公告。

17. A。初始覆盖股票研究报告是指由股票研究分析师对所覆盖的特定公司发布的第一份报告。该报告通常提供全面的业务描述、行业分析和评论。

18. C。首次公开募股后，股票研究分析师在等待期后发布初始覆盖报告，等待期一般为首个交易日后的 25 天。

19. C。作为 2003 年《全球市场分析师协议》的一部分，投资银行被要求将投资银行部和研究部分离，并且研究分析师被禁止参加客户会议和路演。

20. C。机构投资者包括共同基金、对冲基金、主权财富基金、养老基金、保险公司和家族理财办公室。散户投资者是指通过经纪公司购买 IPO 股票的个人，通常被称为高净值投资者或个人投资者。

21. C。机构投资者通常约占 80%。

22. A。美国证券交易委员会指南要求所有投资者收到发行人的初步招股说明书或"红鲱鱼"。招股说明书包含有关公司和投资机会的重要信息，被视为在投资前需要审查的重要材料。

23. A。"红鲱鱼"一词是指以红色字体印刷在初步招股说明书上的文字，说明招股说明书中的信息不完整并且可能会发生更改；证券在登记生效前不得出售；如果不允许要约或出售，招股说明书不是出售证券的要约。

24. D。公司法律顾问确保公司从法律角度正确定位进行首次公开募股。这包括开展公司内务管理和广泛的法律尽职调查。公司法律顾问还负责起草注册声明，包括文件的实际提交备案。对于后者，公司法律顾问负责整个注册过程，包括与 SEC 合作解决他们的意见和问题。

25. C。承销商律师通过确保登记声明在所有重大方面准确完整以保护账簿管理人的利益。他们还积极参与尽职调查过程，并牵头起草承销协议和锁定协议。此外，承销商律师主要负责与会计师协商安慰函。

26. B。纳斯达克于1971年发明了电子交易，其模式现在已成为全球市场的标准。

27. C。辛迪加结构是指运营IPO流程的投资银行的层级结构。

28. B。总差价或承销差价是支付给账簿管理人和副承销商的报酬，表示为总发行规模的百分比。

29. A。超额配售权，也称为"绿鞋"，提供了向投资者出售超出原始IPO发行的额外股份的能力。绿鞋的目的主要是作为一种稳定机制。从这个意义上讲，它旨在通过提供即时二级市场支持和稳定来增加投资者信心。

30. C。绿鞋仅限于发行规模的15%，通常可由承销商在IPO定价后30天内行使。它可以是新发行股份、现有股份或二者的组合。

31. A。绿鞋通常在股价上涨（并高于初始发行价）的强劲条件下行使。在这种情况下，承销商从公司或者出售股份的股东那里以初始发行价购买股票。

32. A。稳定市场经理人负责管理二级市场交易和行使绿鞋（如有保证）。虽然该角色本身不收取额外费用，但是经理人打开了股票交易，这往往会增加公司的交易流量。其中一名活跃的簿记管理人会被指定为稳定市场代理人。

33. D。指定一名活跃账簿管理人负责处理股份的结算和交付。与稳定市场代理人一样，这些活动不会直接产生前期费用，但是往往会增加交易量。

34. B。锁定条款是由公司现有股东、高管和董事签署的协议，禁止他们在IPO后的规定期限内出售股票，通常为180天。

35. A。总差价由三个不同部分组成：管理费、承销费和销售特许佣金。管理费用于补偿银行的企业融资建议、交易结构、文件准备和整体交易协调。考虑到新股票发行的不确定性，承销费补偿了银行承担的承销风险。销售特许佣金补偿银行向机构和零售账户配售股票。

36. D。销售特许佣金占总差价的最大部分。这尤其适用于需要密集销售才能成功配售股票的大型交易。

37. A。对于机构渠道，销售特许佣金通常使用固定经济机制进行构建，其中账簿管理人被预先分配各自的经济机制。这是为了给他们提供确定性和适当的激励，让他们共同努力以达成尽可能最好的交易。在极少数情况下可以使用跳球机制，它是根据获得配股的投资者（即，投资者指定他们希望通过出售股票获得信贷的银行）的投入对承销商进行补偿。

38. A。在双轨制过程中，公司同时进行首次公开募股和公司出售。双轨制过程旨在最大限度地提高灵活性和竞争压力以追求最佳结果，通常是最大价值。

39. B。首次公开募股的一个关键优势是现有股东保留其业务的所有权，并通过未来股价上升获得收益。

40. D。现有股东完全变现的能力是并购出售的一个好处。

41. A。SPAC 也称为特殊目的收购公司。

42. D。首次公开募股后，SPAC 通常有长达 24 个月的时间寻找和执行收购，通常需要一家或多家投资银行的服务来帮助这一过程。

43. B。典型的 SPAC IPO 结构需要以投资单元的形式发行普通股与认股期权组合给投资者，用于购买额外的股票。

44. D。与 SPAC 相关的各种费用，包括预先为 SPAC IPO 提供资金、运营上市公司、尽职调查、差旅等。

45. D。SPAC 的 IPO 和传统的 IPO 一样，可以在纳斯达克等主要证券交易所上市。

46. A。IPO 由承销商确定股票的开盘价格，而直接上市与 IPO 不同，采用根据经纪交易商的所有买卖订单计算得出的参考价格。鉴于这种基于市场的定价机制，直接上市没有 IPO 折价。获得正确的参考价格是直接上市的一个关键方面，因为它降低了在交易开始后几天价格剧烈波动的可能性。纳斯达克在其纳斯达克私人市场平台内使用的专有拍卖技术有助于促进设定正确的参考价格，它在交易开始前一天晚上组织所有买卖订单以确定股票开盘的最佳价格。然后，主要投资银行在股票开盘交易前设定参考价格。

47. D。鉴于直接上市没有承销发行，投资银行扮演财务顾问而非承销商的角色。因此，传统的 IPO 总价差机制并不适用。相反，一批精选的投资银行为提供某些咨询服务收取固定费用，如帮助撰写营销故事和相关的路演/交流、SEC 文件以及促进交易的开展。

48. A。一家盈利的公司（不迫切需要新资本）拥有强大的零售认可度最适合直接上市。

49. B。直接上市的公司不需要传统 IPO 路演和簿记过程。

50. B。现有股东大量出售剩余股份的两种主要方法是二次发行和大宗交易。

51. B。二次发行可以由一级或二级股票（或二者的组合）构成，但是二级股票发行更常见，因为遗留股东希望出售其头寸。

52. A。首次公开募股后的二次发行规模通常为公司市值的 15%～20%。

53. C。上市二次发行股份的典型总价差低于 IPO 的总价差，平均为 3.5%～4%。

54. D。在大宗交易中，交易没有营销成分，即没有管理层路演或投资者电话。

55. A。股东以固定价格直接向一家或多家银行出售其股份。

56. D。大宗交易的股票通常以低于上次交易的价格出售。

57. D。考虑到在压缩时间段内向市场出售大量股票所导致的供需失衡,二次发行的定价通常低于当前股价。

58. C。上市公司平均每年的持续年度成本估计为 100 万~300 万美元。

59. C。上市公司的持续成本包括与 SEC 和 SOX 合规性、董事会薪酬和责任保险、会计费用和交易所上市费。许多公司还聘请了一名投资者关系主管,或将此职能外包给专业的 IR 公司。

60. D。首次公开募股后,公开注册人必须向美国证券交易委员会提交年度和季度报告以及其他强制性文件。这些文件包含详细的业务和财务披露,包括有关公司战略、产品、客户、销售、盈利能力和资本的潜在敏感信息。高管薪酬、管理层成员和董事会成员的详细信息也都将公布。

第九章

IPO 过程

1. 首次 IPO 启动会议的主要参与者包括以下所有人，除了_____。
    A. 主承销商
    B. 公司管理层
    C. 法律顾问
    D. 股票研究分析师

2. 典型的 IPO 准备过程一般持续多长时间？
    A. 几个月
    B. 一年
    C. 几个星期
    D. 两到三周

3. IPO 准备过程中的营销和路演部分通常需要多长时间？
    A. 两周
    B. 两天
    C. 两个月
    D. 一天一夜

4. 以下哪个机构对董事会成员提出独立性标准？
    A. 美国金融业监管局
    B. 公认会计原则
    C. 纳斯达克和纽约证券交易所
    D. 多德—弗兰克法案

5. IPO 流程中的营销和路演部分包括以下所有内容，除了_____。
    A. 销售团队宣讲会
    B. 提交上市申请书
    C. 路演
    D. 订单簿记建档

6. 上市公司的关键公司治理要求涉及以下所有方面，除了_____。
    A. 董事会成员的独立性标准
    B. 继任规划
    C. 独立董事的单独工作会议
    D. 强制性董事会委员会

7. 以下哪一项不需要满足多数独立董事的要求？
    A. 受控公司
    B. FCC 监管的公司
    C. 小盘股公司
    D. 管理层和员工激励方案

8. 公司治理的最佳实践涉及以下所有方面，除了_____。
    A. 继任规划
    B. 高管薪酬
    C. 环境、社会和公司治理（ESG）
    D. 路演安排

9. 新上市公司必须在多长时间内达到多数独立董事会的标准？
    A. 一个季度
    B. 两个季度
    C. 一年
    D. 两年

10. 以下均为独立董事会成员的关键要求，除了_____。
    A. 未受雇于本公司

B. 没有家庭成员担任执行官

C. 以前从未在董事会任职

D. 不能接受超过指定货币价值的报酬

11. 以下哪一个董事会委员会必须在首次公开募股后一年内完全由独立成员组成？

    A. 审计委员会

    B. 战略规划委员会

    C. 资本市场委员会

    D. 法律委员会

12. 上市公司必须设立以下所有董事会委员会，除了_____。

    A. 会计委员会

    B. 审计委员会

    C. 薪酬委员会

    D. 提名委员会

13. 大多数上市公司的组织性质是什么？

    A. 合伙人公司

    B. 股份有限公司

    C. 有限责任公司

    D. 小型股份有限公司

14. 绝大多数 IPO 公司是在哪个州注册成立的？

    A. 加利福尼亚州

    B. 特拉华州

    C. 纽约州

    D. 新泽西州

15. Up-C 结构为留存股东提供以下哪种好处？

    A. 来自新公众投资者的光环

    B. 围绕结构改进的 IPO 消息

    C. 税收和投票权福利

    D. 更容易最终将公司出售给另一方

16. 在税收协定（TRA）中，节税收益主要用于_____。

    A. 公司

    B. 新的公众投资者

    C. 管理层

    D. 上市前所有者

17. 就季节性 IPO 发行趋势而言，哪个季度的活动水平最低？

    A. 第一季度

    B. 第二季度

    C. 第三季度

    D. 第四季度

18. 新股发行收益用于以下所有用途，除了_____。

    A. 向售股股东支付款项

    B. 偿还债务

    C. 成长型投资

    D. 为公司运营提供资金

19. 在 IPO 环境中，完全分配的企业价值指_____。

    A. 对一家公司的全部隐含估值，就好像它已经公开交易一样

    B. 分配给新公众投资者的股份的全部价值

    C. 首次公开募股时分配给售股股东的收益价值

    D. 分配给公司的 IPO 收益的价值

20. 使用以下假设，完成 IPO 估值。

IPO 估值
发行规模为8亿美元（75%为增量市场发行，25%为存量市场发行）

（单位：100万美元，除每股数据外）

		完全发行的企业价值/EBITDA				
		9.0×	9.5×	10.0×	10.5×	11.0×
2019年EBITDA（预测）	$725					
完全发行的企业价值		A)				
减：债务总额		(3,000)	(3,000)	(3,000)	(3,000)	(3,000)
加：现金及现金等价物		200	200	200	200	200
加：增量市场发行规模		B)				
完全发行的股权价值					C)	

第九章　IPO 过程

（续）

		IPO估值折扣率：15%				
减：IPO估值折扣	15%					D)
IPO时的股权价值						
加：债务总额		3,000	3,000	3,000	3,000	3,000
减：现金及现金等价物		(200)	(200)	(200)	(200)	(200)
减：增量市场发行规模		(600)	(600)	(600)	(600)	(600)
IPO时的企业价值						
		估值倍数				
完全发行						
EBITDA						
2019（预测）		$725				
2020（预测）		779	E)			
备考净利润						
2019（预测）		$349				
2020（预测）		385		F)		
IPO估值折扣率15%						
EBITDA						
2019（预测）	$725					
2020（预测）	779			G)		
备考净利润						
2019（预测）	$349					
2020（预测）	385				H)	
		总发行规模				
		$800	$800	$800	$800	$800
增量市场发行规模的比例		75%	75%	75%	75%	75%
存量市场发行规模的比例		25%	25%	25%	25%	25%
发行规模占IPO时股权价值的百分比					I)	

信用指标	过往12个月的EBIT	净负债		(×)
IPO前的净负债	$700	$2,800	IPO前净负债/过往12个月EBITDA	J)
IPO后的净负债		2,200	IPO后净负债/过往12个月EBITDA	

A. 计算完全发行的企业价值

B. 计算 IPO 的发行规模

C. 计算完全发行的股权价值

D. 计算 IPO 的折价金额

E. 计算 2020 年完全发行的企业价值与息税折旧摊销前利润之比

F. 计算 2020 年的完全发行的市盈率

265

G. 计算2020年IPO企业的企业价值与息税折旧摊销前利润之比

H. 计算2020年IPO企业的市盈率

I. 计算首次公开发行的股权价值占股权价值的百分比

J. 计算IPO前净债务与LTM息税折旧摊销前利润的比率

21. IPO折价比例通常为：
    A. 最低限度
    B. 10%~15%
    C. 25%~30%
    D. 50%

22. IPO折价的基本原理是什么？
    A. SEC鼓励投资者参与一级市场的指导方针
    B. 鼓励IPO数量的上市要求
    C. 防止同行公司在IPO过程中发行自己的股票
    D. 代表着向投资者提供的"甜头"，以吸引他们投资于新的机会而不是成熟的同行

23. S-1也被称为_____。
    A. 上市申请书
    B. 招股说明书
    C. 路演演示文稿
    D. 承销协议

24. 招股说明书是以下哪个协议的重要组成部分？
    A. S-1
    B. 路演演示文稿
    C. 承销协议
    D. 安慰函

25. 招股说明书的关键部分包括以下所有内容，除了_____。
    A. 公司章程
    B. 风险因素
    C. 管理层陈述与分析
    D. 财务预测

26. 公司章程的关键部分包括以下所有部分，除了_____。
    A. 财务摘要
    B. 风险因素
    C. 管理层陈述与分析
    D. IPO 费用

27. 招股说明书第二部分包括以下哪一项？
    A. 管理层陈述与分析
    B. 承销协议
    C. 给 SEC 的回复信
    D. 锁定协议

28. S-1 通过哪个机构提交？
    A. 美国金融业监管局
    B. 纳斯达克
    C. EDGAR 交易所
    D. 纽约证券交易所

29. 首次提交上市申请书后，SEC 的回复时间通常在_____。
    A. 一周
    B. 两周
    C. 21 天
    D. 28 天

30. 安慰函由以下人员编制：
    A. 会计师

B. 律师

C. 银行家

D. 研究员

31. 安慰函用于证明_____。

    A. 上市申请书中财务数据的准确性

    B. SEC同意上市申请书所包含信息的准确性

    C. 上市申请书中商业和行业信息的准确性

    D. 律师同意上市申请书所述的风险因素

32. 承销协议包括与以下所有内容相关的条款，除了_____。

    A. 锁定协议

    B. 总差价

    C. 首次公开募股定价

    D. 绿鞋机制

33. SEC的哪个部门负责审查上市申请书？

    A. 公司财务部

    B. 公司登记部

    C. 首次公开发行部

    D. 股票与金融部

34. SEC对S-1的审查重点是：

    A. 公司业务和财务业绩的实力

    B. 遵守证券法律法规

    C. 公司内部的安全和环境标准

    D. 公司投资理念的优点

35. SEC通常会根据上市申请书向公司提出几轮意见？

    A. 一轮

    B. 三轮到五轮

    C. 十轮或更多

    D. 没有

36. 等待期是指哪两者之间的时间间隔？
    A. 提交上市申请书并收到 SEC 的第一轮意见
    B. 最终路演和定价
    C. 上市申请书的提交和生效日期
    D. 首次公开发行定价和公司收到资金

37. 生效日通常发生在：
    A. 证券交易委员会收到上市申请书的第一天
    B. 销售团队宣讲会的同一天
    C. 证券交易委员会最后一轮意见的最后一天
    D. 定价当天

38. 以下哪种投资者通常不参与与管理层一对一的路演会议？
    A. 散户投资者
    B. 蓝筹股投资者
    C. 大型对冲基金
    D. 共同基金

39. 以下所有类型均为簿记建档过程中的 IPO 订单，除了_____。
    A. 市场指令
    B. 对时间敏感的订单
    C. 限价指令
    D. 按比例的订单

40. 在 SEC 宣布 S-1 生效后的第二天，公司通常_____。
    A. 开始路演
    B. 开始作为上市公司进行交易
    C. 申请股票代码
    D. 确定投资者定位方案

41. 正式 IPO 结束时间为公司开始公开交易后的第几天？
    A. 0

B. 1

C. 3

D. 7

42. 机构投资者包括以下所有类型，除了_____。

    A. 蓝筹股共同基金

    B. 小型/中型基金

    C. 全能型资产管理公司

    D. 高净值人群

43. 完全分配的股权价值和 IPO 时的股权价值相比：

    A. 更高

    B. 更低

    C. 相同

    D. 更不稳定

44. 以下哪种 IPO 结构可以有效地降低公司的杠杆率？

    A. 绿鞋机制

    B. 风险评估

    C. 首次发行

    D. 存量发行

45. 对于 IPO 估值，传统上最依赖于_____。

    A. 并购先例

    B. 可比分析

    C. 杠杆收购分析

    D. 52 周高点和低点

46. 对于哪种类型的公司，DCF 估值方法可能特别适用？

    A. 大型成熟公司

    B. 老牌行业中的家族企业

    C. 早期科技公司

D. 有多个公开竞争对手的公司

47. 在 IPO 簿记建档过程中，命中率指_____。
    A. 从投资者会议上收到的意向书数量占会议总数的百分比
    B. 机构投资者占其与散户投资者之和的百分比
    C. 收到的市场指令占其与限价指令之和的百分比
    D. 实际召开的网络路演会议数占计划数的百分比

48. 在 IPO 簿记建档过程中，认购率是指_____。
    A. 订阅的招股说明书占其与主动提供的招股说明书之和的百分比
    B. 以绿鞋机制分配股股份占原始发行规模的百分比
    C. 已认购股份占其与未认购股份之和的百分比
    D. 认购书中的股份数占发行股份总数的百分比

49. 以下所有内容均准确描述了 IPO 路演期间的超额认购，除了_____。
    A. 当订单簿中的股份数量超过目标发行规模时
    B. 虽然是正面的，但不会为发行创造基础
    C. 常见情况
    D. 只有在极少数情况下才会发生

50. 在 IPO 路演期间，以下每种投资者都可能成为候选人，除了_____投资者。
    A. 特定行业的
    B. 成长型的
    C. 陷入困境的
    D. 完全回报的

第九章　答案及解析

1. D。根据 2003 年《全球市场分析师协议》，研究分析师不得参加与投资银行的客户会议。

2. A。从 IPO 开始到结束的标准时间段是几个月。

3. A。路演包括销售团队宣讲会、投资者会议和订单簿记建档，大约需要两周时间。

4. C。纳斯达克和纽约证券交易所要求董事会由多数独立董事组成。

5. B。在营销和路演期间之前提交上市申请书。

6. B。继任规划是一项公司治理最佳实践但不是必需的。

7. A。受控公司不要求董事会中有大多数独立董事，但是审计委员会需要完全独立。

8. D。路演安排与公司治理最佳实践无关。

9. C。要求新上市公司在一年内达到多数独立董事会标准。

10. C。独立董事会成员与公司没有既定关系，这种关系会妨碍其作为公正成员的责任。

11. A。审计委员会成员必须遵守最严格的独立性标准。

12. A。上市公司的三个强制性委员会是审计、薪酬和提名委员会。

13. B。绝大多数上市公司都是以股份有限公司的形式组建的。

14. B。特拉华州。

15. C。在 Up-C 结构中，上市前的所有人组成一个新的股份有限公司，作为一个控股公司拥有和管理合伙企业/有限责任企业的权益，并为他们提供税收和投票权福利。

16. D。TRA 通常通过协商达成，但是上市前所有者一般可获得 85% 的税收减免。

17. C。夏季，尤其是 7 月和 8 月，IPO 发行量往往最低。

18. A。出售现存股份的收益归出售股东所有。

19. A。完全分配的企业价值意味着获取公司的全部隐含价值，就好像它已经公开交易一样。

20.

发行规模为8亿美元（75%为增量市场发行，25%为存量市场发行）
（单位：100万美元，除每股数据外）

		完全发行的企业价值/EBITDA				
2019年EBITDA（预测）	$725	9.0×	9.5×	10.0×	10.5×	11.0×
完全发行的企业价值		$6,525	$6,888	$7,250	$7,613	$7,975
减：债务总额		(3,000)	(3,000)	(3,000)	(3,000)	(3,000)
加：现金及现金等价物		200	200	200	200	200
加：增量市场发行规模		600	600	600	600	600
完全发行的股权价值		$4,325	$4,688	$5,050	$5,413	$5,775

				IPO估值折扣率：15%		
减：IPO估值折扣	15%	(649)	(703)	(758)	(812)	(866)
IPO时的股权价值		$3,676	$3,984	$4,293	$4,601	$4,909
加：债务总额		3,000	3,000	3,000	3,000	3,000
减：现金及现金等价物		(200)	(200)	(200)	(200)	(200)
减：增量市场发行规模		(600)	(600)	(600)	(600)	(600)
IPO时的企业价值		$5,876	$6,184	$6,493	$6,801	$7,109

				估值倍数		
完全发行						
EBITDA						
2019（预测）	$725	9.0×	9.5×	10.0×	10.5×	11.0×
2020（预测）	779	8.4×	8.8×	9.3×	9.8×	10.2×
备考净利润						
2019（预测）	$349	12.4×	13.4×	14.5×	15.5×	16.5×
2020（预测）	385	11.2×	12.2×	13.1×	14.0×	15.0×

IPO估值折扣率15%						
EBITDA						
2019（预测）	$725	8.1×	8.5×	9.0×	9.4×	9.8×
2020（预测）	779	7.5×	7.9×	8.3×	8.7×	9.1×
备考净利润						
2019（预测）	$349	10.5×	11.4×	12.3×	13.2×	14.1×
2020（预测）	385	9.5×	10.3×	11.1×	11.9×	12.7×
				总发行规模		
		$800	$800	$800	$800	$800
增量市场发行规模的比例%		75%	75%	75%	75%	75%
存量市场发行规模的比例%		25%	25%	25%	25%	25%
发行规模占IPO时股权价值的百分比%		22%	20%	19%	17%	16%

信用指标	过往12个月的EBITDA	净负债		(×)
IPO前的净负债	$700	$2,800	IPO前净负债/过往12个月EBITDA	4.0×
IPO后的净负债		2,200	IPO后净负债/过往12个月EBITDA	3.1×

A. 65.25亿美元。完全发行的企业价值按预计2019的息税折旧摊销前利润乘以完全分配的企业价值/息税折旧摊销前利润倍数计算。（7.25亿美元×9.0倍）

B. 6亿美元。IPO规模的计算方法为总发行规模乘以新发股份的比例。（8亿美元×75%）

C. 54.13亿美元。完全发行的股权价值计算为完全发行的企业价值减去总债务加上现金及现金等价物以及增量市场发行规模。（76.13亿美元−30亿美元+2亿美元+6亿美元）

D. 8.66亿美元。IPO折价金额计算为完全发行的股权价值乘以首次公开发行折价百分比。（57.75亿美元×15%）

E. 8.4×。预计2020年完全发行的企业价值与息税折旧摊销前利润之比计算为完全发行的企业价值除以预计2020年息税折旧摊销前利润。（65.25亿美元/7.79亿美元）

F. 12.2×。预计2020年完全发行的市盈率计算为完全发行的权益价值除以预计2020年预计净收入。（46.88亿美元/3.85亿美元）

G. 8.3×。预计2020年IPO企业的企业价值与息税折旧摊销前利润之比计算为首次公开募股时的企业价值除以预计2020年息税折旧摊销前利润。（64.93亿美元/7.79亿美元）

H. 11.9×。预计2020年IPO企业的市盈率计算为IPO企业的股权价值除以预计2020年净收入。（46.01亿美元/3.85亿美元）

I. 16%。发行规模占IPO时股权价值的百分比计算为发行规模除以IPO时

的股权价值。(8 亿美元/49.09 亿美元)

J. 4.0×。IPO 前净债务与 LTM 息税折旧摊销前利润的比率计算为 IPO 前净债务除以 LTM 息税折旧摊销前利润。(28 亿美元/7 亿美元)。

21. B。IPO 折价适用于完全分配的股权价值，通常在 10%~15% 的范围内，但是还要取决于公司和当前的首次公开发行市场的情况。

22. D。IPO 折价，通常在 10%~15% 的范围内，代表着向投资者提供的"甜头"，吸引他们投资于新的机会而不是成熟的同行。因此，一旦公司开始交易，IPO 投资者就有更好的机会获得首日"大涨"。

23. A。S-1 是一份综合性文件，既可作为营销工具，也可作为有关公司和发行相关风险的关键披露文件。因此，它必须经过审查并得到 SEC 的批准。S-1 也称为上市申请书。

24. A。S-1 有两个主要部分。第一部分即招股说明书，包含有关公司及其业务、风险因素和财务状况的详细信息。第二部分包含其他公司信息，包括补充内容和附件。

25. D。尽管历史财务信息是招股说明书中必须披露的信息，但是不允许涉及前瞻性预测。

26. D。IPO 费用通常在招股说明书的第二部分披露。

27. B。招股说明书第二部分，标题为"招股说明书中不要求的信息"，包含发行人不需要在招股说明书中提供的信息，但是受 S-1 上市申请书强制性披露要求的约束。关键部分通常包括 IPO 费用明细（不包括承销折扣）、公司董事和高管的赔偿、任何未注册证券的出售披露以及其他由发行人自行决定的补充内容和附件。第二部分还包括许多补充内容，如承销协议、公司章程和规章制度以及重要的员工或第三方合同。

28. C。上市申请书通过 SEC 的电子公文系统，即 EDGAR 交易所，进行电子化提交。

29. D。在提交 S‑1 后，美国证券交易委员会通常在大约 28 天后才会做出评论。

30. A。安慰函是由审计事务所编制的文件。

31. A。安慰函是由审计事务所编制的文件，证明上市申请书所包含的财务数据准确性以及审计师相对于发行人的独立性。会计师的权限仅涉及公司的财务；它们不能为业务、特定行业或第三方数据提供证明。

32. C。承销协议的主要条款包括承销商的义务、总差价、公司陈述和保证、承销商、公司陈述和保证、超额配售期权/绿鞋、锁定协议以及交割条件，其中包括安慰函和法律意见书。

33. A。美国证券交易委员会的公司财务部负责审查提交的 S‑1。

34. B。公司财务部的审查过程是详尽且全面的。审查重点在于合法性、合规性，不构成对公司股权故事或估值的意见。

35. B。SEC 审查和评论后续披露的响应时间取决于原始评论的性质。平均而言，SEC 会和公司交换三到五轮意见。

36. C。一旦所有意见得到处理并且上市申请书得到澄清，公司将要求宣布 S‑1 生效的日期和时间。从提交到生效日期之间的时间段称为等待期。

37. D。通常，生效日期设定在定价日的下午，实际定价在市场收盘后进行。第二天开市后，该股票开始交易。

38. A。路演是针对机构投资者进行的,大型机构投资者(如蓝筹股投资者、共同基金和大型对冲基金)可以参加一对一的会议。

39. B。当投资者提交意向书时,他们会指定订单类型。市场指令是购买一定数量股票的指令。限价指令是指购买一定数量的股票,并对最高股价进行限制(例如,如果 IPO 价格高于 20 美元,则不会购买股票)。按比例的订单表示以不同的价格水平购买一定数量的股票(例如,以 18 美元的价格购买 200 万股,以 19 美元的价格购买 150 万股)。

40. B。公司、账簿管理人和律师一同与 SEC 协调 S-1 生效的日期和时间,通常在 IPO 定价日的下午。他们还确认与 SEC 以及其他监管机构的所有突出问题都已得到解决。SEC 宣布 S-1 生效后,账簿管理人向公司提出定价建议。如果公司接受该建议,IPO 定价完成并且承销协议开始执行。第二天,该公司开始在交易所交易,并向 SEC 提交包括最终 IPO 价格和其他定价条款的最终招股说明书。

41. C。分配通常在路演的最后一天或结束后一天进行。一旦分配完成,该公司就可以开始在公开交易所进行交易。首次公开募股的正式交割在第一个交易日后的第三天进行。交割时,提交安慰函和法律意见书等各种文件,公司收到收益并且承销商收到股份。

42. D。机构投资者包括大型蓝筹股共同基金、中小型基金、全能型资产管理公司和对冲基金。

43. A。完全分配的企业价值意味着捕获公司的全部隐含估值,就好像它已经公开交易一样。然后,IPO 折价适用于完全分配的股权价值,通常在 10%~15% 的范围内,但是取决于公司和当前的 IPO 市场情况。

44. C。首次发行的收益归公司而非股东所有,可用于偿还债务和调整资本结构。公司的目标资本结构在 IPO 结构的决策中占有重要地位。这尤其适用于在杠杆收购后债务水平较高的保荐人支持的 IPO 候选人。

45. B。鉴于上市同行可以提供了相关性最强的比较框架，IPO 估值更加强调可比分析。

46. C。估值方法取决于多个因素，包括公司的行业和成熟期。DCF 特别适用于盈利有限或没有盈利的早期科技公司，或那些没有可比上市企业的公司。

47. A。命中率是指从一对一和小组会议收到的意向书数量占会议总数的百分比。强命中率在 60%~80% 范围内。

48. D。认购率是指认购书中的股份数量占发行股份总数的百分比。

49. D。当认购书中的股份数量超过目标发行规模时，就意味着发生了超额认购。虽然超额认购很常见并且显然是积极的，但是订单的深度和性质至关重要。一个处于弱价格水平的超额认购订单不会为成功发行创造坚实的基础。

50. C。根据 IPO 候选人的规模、行业和性质，净利润通常被分配给广泛的投资者类型，从蓝筹股到特定行业，再到成长型和总回报。这种组合通常包括大型机构投资者和对冲基金。然而，陷入困境的投资者通常关注不好的债券，不属于在路演过程中的 IPO 候选人。

关于审校

刘振山,CFA,CVA,香港科技大学MBA,拥有20年以上项目投资及海外并购估值经验,央企海外投资估值负责人,中国国际工程咨询公司特聘专家,著有《董事高管估值知识简明指南》,翻译作品有《投资银行:估值、杠杆收购、兼并与收购、IPO》(原书第3版)、《财务模型与估值》(原书第2版)等。现居北京。电子邮箱:252675606@qq.com

许志,CVA注册估值分析师协会创始发起人,西南财经大学金融学院金融学博士、副教授、硕士生导师。任职于金融学院金融双语中心。主要研究兴趣为公司金融、企业估值、市场异象研究、行为金融学、市场微观结构。承担本科、硕士和博士三个层次的授课任务。《南开管理评论》《经济学家》等期刊匿名审稿人。2015《中国估值年度报告手册》主编。

金多多金融投资译丛

序号	中文书名	英文书名	作者	定价	出版时间
1	公司估值（原书第2版）	The Financial Times Guide to Corporate Valuation (2nd Edition)	David Frykman, Jakob Tolleiyd	59.00	2017年10月
2	并购、剥离与资产重组：投资银行和私募股权实践指南	Mergers, Acquisitions, Divestitures, and Other Restructurings	Paul Pignataro	69.00	2018年1月
3	杠杆收购：投资银行和私募股权实践指南	Leveraged Buyouts, + Website: A Practical Guide to Investment Banking and Private Equity	Paul Pignataro	79.00	2018年4月
4	财务模型：公司估值、兼并与收购、项目融资	Corporate and Project Finance Modeling: Theory and Practice	Edward Bodmer	109.00	2018年3月
5	私募帝国：全球PE巨头统治世界的真相（经典版）	The New Tycoons: Inside the Trillion Dollar Private Equity Industry that Owns Everything	Jason Kelly	69.90	2018年6月
6	证券分析师实践指南（经典版）	Best Practices for Equity Research Analysts: Essentials for Buy-Side and Sell-Side Analysts	James J. Valentine	79.00	2018年6月
7	证券分析师进阶指南	Pitch the Perfect Investment: The Essential Guide to Winning on Wall Street	Paul D. Sonkin, Paul Johnson	139.00	2018年9月
8	天使投资实录	Starup Wealth: How the Best Angel Investors Make Money in Startups	Josh Maher	69.00	2020年5月
9	财务建模：设计、构建及应用的完整指南（原书第3版）	Building Financial Models	John S. Tjia	89.00	2019年12月
10	7个财务模型：写给分析师、投资者和金融专业人士	7 Financial Models for Analysts, Investors and Finance Professionals	Paul Lower	69.00	2020年5月
11	财务模型实践指南（原书第3版）	Using Excel for Business and Financial Modeling	Danielle Stein Fairhurst	99.00	2020年5月
12	风险投资交易：创业融资及条款清单大揭秘（原书第4版）	Venture Deals: Be Smarter than Your Lawyer and Venture Capitalist, 4th Edition	Brad Feld, Jason Mendelson	79.00	2020年8月

(续)

序号	中文书名	英文书名	作者	定价	出版时间
13	资本的秩序	The Dao of Capital: Austrian Investing in a Distorted World	Mark Spitznagel	99.00	2020年12月
14	公司金融：金融工具、财务政策和估值方法的案例实践（原书第2版）	Lessons in Corporate Finance: A Case Studies Approach to Financial Tools, Financial Policies, and Valuation	Paul Asquith, Lawrence A. Weiss	119.00	2021年10月
15	投资银行：估值、杠杆收购、兼并与收购、IPO（原书第3版）	Investment Banking: Valuation, LBOs, M&A, and IPOs, 3rd Edition	Joshua Rosenbaum Joshua Pearl	199.00	2022年8月
16	亚洲财务黑洞（珍藏版）	Asian Financial Statement Analysis: Detecting Financial Irregularities	ChinHwee Tan, Thomas R. Robinson	88.00	2022年9月
17	投行人生：摩根士丹利副主席的40年职业洞见（珍藏版）	Unequaled: Tips for Building a Successful Career through Emotional Intelligence	James A. Runde	68.00	2022年9月
18	并购之王：投行老狐狸深度披露企业并购内幕（珍藏版）	Mergers & Acquisitions: An Insider's Guide to the Purchase and Sale of Middle Market Business Interests	Dennis J. Roberts	99.00	2022年9月
19	投资银行练习手册（原书第2版）	Investment Banking: Workbook, 2nd Edition	Joshua Rosenbaum Joshua Pearl	89.00	2023年8月
20	泡沫逃生：技术进步与科技投资简史（原书第2版）	Engines That Move Markets: Technology Investing from Railroads to the Internet and Beyond, 2nd Edition	Alisdair Nairn	199.00	2023年9月
21	证券分析师生存指南	Survival Kit for an Equity Analyst: The Essentials You Must Know	Shin Horie	69.00	2023年9月
22	财务模型与估值：投行与私募股权实践指南（原书第2版）	Financial Modeling and Valuation: A Practical Guide to Investment Banking and Private Equity, 2nd Edition	Paul Pignataro	99.00	2023年10月